＼3億円儲かる／

2%の人しか知らない、ビル投資術

ぱる出版

はじめに

「ビル投資」が最強の不動産投資である理由《わけ》

「節税と年金のことを考えて不動産投資を検討しているんだけど、区分マンションがいいのか、それともアパート1棟がいいのか……」

ある日、私が都内の喫茶店で打ち合わせの相手を待っていると、隣の50代後半と見える男性2人組の会話から、こんな悩みの声が漏れ聞こえてきました。

不動産投資を検討されているのは、どうやら中小企業の経営者のようです。

相手も同じような経営者のようですが、問いかけられた内容に「区分はあまり儲からないと聞くけどなぁ」と、曖昧な返事をしていました。

私は自分の予定も忘れてつい、「不動産投資なら、ビル投資が一番おすすめです！」と会話に割り込んでしまいそうになりました。

「ビル投資」という聞き慣れないこの言葉。

もしかすると読者の中には「ビル投資は敷居が高い」と思われる方がいるかもしれません。

不動産投資と検索すれば第二検索ワードに「マンション」や「アパート1棟」という言葉が一番に挙がる中で、ビル投資というのは実はマイナーです。

また、知っている人であっても「ビル投資は三井や三菱や住友のような財閥系や、専門の不動産業者、あるいは海外ファンドなどが行うもの。金額も桁が違う」とイメージされがちです。

ですが実際には、中小企業のオーナーでもビル投資に参入することは可能です。資金も、内部留保金が3億〜20億くらいあれば、金融機関からの融資を活用して、10億〜100億円の物件を手に入れることができるのです。

私が本書でお伝えするビル投資の対象となる「ビル」は、主に企業が事務所として利用するオフィスビルです。

それも東京駅丸の内や、渋谷駅周辺、品川駅周辺に巨人のごとくそびえ立つインテリジェント・ビルではなく、基準階面積10〜100坪までの、いわゆる中小オフィスビルが対象です。

このような中小オフィスビルは、あらゆる不動産の中で、最も手堅く、収益性の高い「最強の不動産投資」商品だと言えます。

不動産業で見えた「年商100億社長」のお金の使い方

初めまして。この本を手に取ってくださり、ありがとうございます。

株式会社Agnostri《アグノストリ》の青木龍（あおき・りゅう）と申します。

私は経営者向けの投資ビルを販売する不動産売買仲介会社「Agnostri」を営みながら自社でも多数の中小オフィスビルを所有して、本業以外の安定した営業外収益を得つつ、本業を順調に経営しています。

ここで少し、私のことをお伝えさせてください。


私は高校卒業後、役者の道に進もうとしていましたが、所属していた事務所が小さく、私自身も芽が出ない日々が続き、同級生たちがまともに就職していく中、「自分もこのままではいけない」と思ったことから22歳のときに役者の道と決別し、不動産営業会社に就職をしました。

その会社は、経営者に向けて融資を活用しながら区分所有のビルを販売する不動産会社でした。

そこで私は5年間在籍し、その間にトップ営業マンになり、管理職として名古屋支店長や東京本社の課長職をつとめました。

さらに、会社員時代には1人で50億円を販売し、27歳で独立し今の会社を起ち上げてからは、現在4期で年間100億円ほど売買しております。

そんな私の最大の強みは「確実にクライアントに利益を出していただくこと」です。

なぜなら、私自身がものすごく慎重派なので、リスクが非常に少ない物件だけを取り扱い、かつクライアントにもそのような物件を手に入れて頂き、ローリスクでミドルリターンなビル投資を行ってもらっているからです。

また、クライアントの強み——それも「長期にわたる強み」とベストマッチする物件の紹介に力を入れていることもあります。

そのおかげもあって、コロナ前もコロナ後も、実際に私のクライアントの空室率は０％を推移しています。

私の経験上、「年商１００億社長」こそ「長期ビジョン」を抱いています。

年商１００億クラスの経営者の多くは、10年、20年と実業で利益を出しておられる方ばかりです。そんな経営者の方々は、ご自身の息子、娘、孫の代まで会社を残したい、あるいは、子どもや孫の事業に出資したい、という願いを持っていることが多いです。

年商１００億と聞くと、節税対策で「買った値段で売れる高級車」を乗っているようなイメージもあると思いますが、実際は年商１００億社長こそ、１００年企業を目指して将来を見据え、「長期資産形成」をするお金の使い方を考えているのです。

私自身、そのような長期的な視野を持った経営者をクライアントにしているわけですから、自分自身を〝ただの不動産屋〟ではなく「クライアントの不動産部門の経営コンサルタント」のような存在だと自負しています。

単に不動産を売るだけ、管理して手数料をもらうだけではなく、長期的な資産として現在だけではなく、未来の――いわば種から植えた桜が10年後に満開になるような「未来の笑顔を作るビル投資」を信条としています。

タイトルの「2％の人しか知らない」の2％とは、金融資産1億円以上をお持ちの方のことです。（『純金融資産保有額の階層別に見た世帯数と割合』㈱野村総合研究所の調査・2019年）本書では、そんな人だけが知る私のビル経営ノウハウを、惜しみなく紹介していきます。

まずは「築30年3億円」のビル投資から始めてみよう

「とはいっても、ビル投資なんて難しそう」

「うちの会社の財力じゃ無理そうだな」

「やっぱり住宅のほうが手堅いんじゃないか」

ここまで読んでみて、もしかすると、このように思われたかもしれません。

そのお気持ちもわかります。

ですが、最初にお伝えしたように、本書でご紹介するビル投資は中小オフィスビルを対象としています。「ビル」と聞くと、都心の高層ビルや、高度にＡＩ化されたインテリジェント・ビルを真っ先にイメージしてしまうかもしれませんが、そうではありません。

中小オフィスビルであれば、多少の内部留保金を持つ中小企業なら、融資を活用して小～中規模の条件の良いビルを1棟、あるいは区分でも所有することができるのです。

そして、初心者の方には「築30年3億円のビル投資」からおすすめしています。

3階から5階建てくらいのいわゆる「小規模ビル」と言われるタイプで、駅チカの一等地でも多数売りに出されています。

そのような3億円程度の「小規模ビル」を3億円（1億円の内部留保金と2億円の融資）で購入し、10年～15年で返済していくのです。

融資完済後は、賃料がまるまる利益になります。

築30年と聞くと「どうせオンボロなのでは？」と不安になるかもしれません。

ですが、今から30年前であればちょうど1990年頃です。

建築基準で新耐震と言われるのは「1981年6月1日以降」の建物なので、1990年以降の建物はこの「新耐震」に当たります。

また、建物の耐用年数はRC（鉄筋コンクリート造）が47年、SRC（鉄筋鉄骨コンクリート造）が50年と法令で定められています。

あくまでもこれは減価償却費を計算するための設定であり、実際はきちんとメンテナンスされていれば、コンクリート造の建物は100年以上もつと言われています。

ですから、オンボロであるかどうかを心配する必要はありません。

むしろ、このような割安な中小オフィスビルをリノベーションで綺麗にし、家賃を高めに設定することで、「ローリスク・ミドルリターン」が実現します。

結果の出やすい「築30年3億円のビル」は初心者には大変おすすめなのです。

また、オフィスビルへの投資は、居住用不動産と比較して次のようなメリットがあります。

・居住用と比較して、高い賃料を設定できる
・敷金・保証金を高額に設定できる
・原状回復費はテナント側の義務である
・景気に左右されにくい企業を誘致すれば空室率を限りなく0《ゼロ》にできる

どうしても、居住用不動産のほうが身近でイメージしやすいため、これらのメリットは今まであまり認知されてきませんでした。しかし、これらのメリットを見るだけでも、ビル投資が圧倒的に有利であることは間違いありません。

内部留保があるうちがビル投資への最大のチャンス

この本は、主に中小企業の経営者に向けて、不動産投資の初心者が「ビル投資」を行うことで、

節税と安定した営業外利益の獲得を実現させる方法をわかりやすく解説する本です。

それにより、本業の経営安定と安心の事業承継・相続などを可能にさせます。

リーマンショックからの回復を待たずして新型コロナウィルスのパンデミックが発生し、数度に渡る緊急事態宣言と自粛要請によって経済はガタガタに冷え込み、ロシア・ウクライナの世界的な地政学リスクが高まり、インフレが加速し、苦しい思いをされている経営者が多くおられると思います。

内部留保金が目減りすることや、やっと黒字になったのに払うべき税額が増えることは、多くの経営者にとって頭の痛い問題です。

そんな方にこそ、本書を活用していただきたい。

中小オフィスビル投資による「貸事務所業」を本業に加えることで、安定した営業外収益を得ていただきたいのです。

ビル投資による収益基盤を作ることは、家を建てるときにまずは地盤の固い土地を買うようなものです。

そんな「安心安全への投資」で本業を守り、三代先まで続く経営や、引退後のセカンドライフへの夢を今一度、膨らませてみませんか？

本書があなたの事業の〝新しい財布〟を手に入れる一助となり、経営者としての自己実現をサポートする1冊となれば、これに勝る喜びはありません。

3億円儲かる

2%の人しか知らない、

ビル投資術

［目次］

はじめに

はじめに……3
「ビル投資」が最強の不動産投資である理由《わけ》　3
不動産業で見えた「年商100億社長」のお金の使い方　5
まずは「築30年3億円」のビル投資から始めてみよう　7
内部留保があるうちがビル投資への最大のチャンス　9

［第1章］内部留保があるなら不動産投資に回しなさい

2020年、「倒産の割合」は過去最高になった！……24
不動産投資は企業が持つべき「もう1つの財布」……25
営業外収益で売上も内部留保も増やせる……27
節税よりも納税したほうがメリットは大きい……29
なぜメリーチョコレート社は買収されたのか？……32
税金よりも大切な相続（事業承継）のこと……34
○後継者を突如失ったサンリオ社の悲劇　36

100年企業になるための長寿戦略とは？……37
○大切なのはキャッシュフローを回す仕組み　39
これからの企業は「二輪車」で走りなさい……40
なぜ「設備投資より不動産投資」なのか？……42

[第2章] なぜ今、中小オフィスビル投資がアツいのか？

「貸事務所業がおすすめ」な理由……46
○財閥系の「長期保有資産」を知っていますか？　47
不動産なら住宅・マンションよりもビルを買いなさい……49
貸事務所業はローリスク・ミドルリターンな投資対象……52
○設備が進化しないからローリスク　52
○テナントの転居が少ないからローリスク　53
○安定しているからミドルリターン　54
「ビルを持つ＝売却できる資産を持つ」ということ……55

おすすめは「Cグレード」以下のオフィスビル……57
○今、大手企業がCグレードビルに移動している　58
○Cグレードのオフィスビルは家賃が段違いに安い　59
○Cグレードのオフィスビルは供給されていない　60
なぜインテリジェント・ビルは高いのか？……61
海外企業が日本の中小オフィスビル入居を狙っている……63
中小オフィスビルでも年間3億円の営業外収益は夢じゃない……64
○毎年1フロアずつ買い増していく方法もあり　66
○借り入れは元本返済なので貯金になる　67
○売却すれば数千万円のキャピタルゲインを狙える　68
1億円の資金があるならオフィスビルを買いなさい……70
○REITを買うのはお得なのか？　70
○REITのメリット・デメリット　72
○相続でもビル投資は税金を抑えられる　73
○オフィスビルを「投資」と「相続」の両側面で考えよう　75

【第3章】 初めてのビル購入でも失敗しない方法があった！

優良な中小オフィスビル取得のための全体フロー……78
物件は10～15年以上は保有する前提で決める……79
○長期保有で賃料収入＋売却益をゲットする 80
○売却益は「賃料収入の先取り」に過ぎない 82
○一番のリスクは「次に欲しい物件が出ないこと」 83
取得するべきは新築よりも「築20年以上」のビル……83
優良な中小オフィスビル取得のための9ステップ（1～7）……85
【ステップ1】物件の検索……86
○都内主要5区を網羅できるように検索する 86
○朝・昼・晩にサイトを見る習慣をつけよう 87
【ステップ2】物件の精査……88
○不動産管理会社へは「欲しい物件」が決まってから足を運ぶ 90
○不動産会社がどの立場から物件を扱っているかをチェックする 91
○不動産会社は「ネット以外」の物件も抱えている 92

【ステップ3】物件の深掘り……93
○賃料水準はテナントの想定でヒアリングする　94
○比較物件は自分の購入予定物件に近いもので考える　95
○築年数の古い物件は「耐震基準」を見るのが重要　96
【ステップ4】テナントのコンプライアンスチェック……98
○公序良俗に反するテナントが一社でもいると融資で不利になる　99
【ステップ5】現地の視察……100
○「屋上防水」「エレベーター」「外壁」は必ず目視で確認する　101
○現地視察は第三者を同行させるのが安全　103
【ステップ6】金融機関との折衝……104
○金融機関は複数行あたるつもりで考える　105
【ステップ7】不動産管理会社の選定……106
○ビル管理は管理のプロに任せるのがベスト　107
○選ぶポイントは「実績とネットワークとコミュニケーション」　108

［第4章］　中小オフィスビル購入を成功へ導くリスク・マネジメント

「好立地」とは2つの需要を満たしているところ……112
○物件は利回りだけを見て選んではいけない　113
○空室があるからと言ってダメな物件とは限らない　115
不測の事態は「起こるもの」として考える……116
○地方は「支店」、東京は「本社」を置く企業がほとんど　117
○地方でビルを持つなら「主要都市」で考える　119
物件の比較はある程度絞って行うこと……120
○金額だけではわかりづらいときの算出法　121
オフィスビルに選ぶべきではない「治安の悪い場所」……122
○「噂のあるエリア」には気をつける　123
現オーナー、テナントのコンプライアンスチェックは念入りに……124
オフィスビルに「事故物件」は存在するのか？……125

投資家の目線でビルの価値を正しく見極める……127
購入するためのキャッシュはどのくらい持っておくべきか？……128
○経営者がキャッシュをかき集める方法　129
金融機関には「守りの不動産投資」でアピールする……131
○金融機関には「大義名分」で融資をお願いする　132
○どこまで行っても物件はスピード勝負　133

【第5章】安定した営業外収益を得るためにやるべきこと【ステップ8・9】

テナントには個人よりも法人を入居させる……136
○テナントにするのは「カタい」法人がおすすめ　138
入居させたいテナントをイメージしてみよう……139
○人づてにテナントを紹介してもらう方法もあり　142
自社の事務所として活用することもできる……143
テナントから好まれるビルにリニューアルするために……144
○外観とエントランスは統一感を出す　145

○室内は色合いで高級感を出せる　146
○家具のセットアップで付加価値をつける　148
注意しておきたい1階テナントの選考基準……149
オーナーにはテナントに対する拒否権がある……151
○マンションの隣に学習塾がやってきた！　152
オーナー（管理者）とテナントは持ちつ持たれつの関係が理想……154
賃料の設定は利回りよりも「その市況に見合った賃料設定」を……155
○オーナーは時には「下げる勇気」を持つ　158

［第6章］　貸事務所業で起こりがちなトラブルFAQ

Q1　テナントから賃下げ交渉をされた。どうする？……162
Q2　テナントが賃料を長期間滞納した。どうする？……163
Q3　事情により期間限定でテナントを入れたい。どうする？……165
Q4　定期借家で契約していないから立ち退きが進まない。どうする？…169

Q5 テナントが退去時の原状回復を渋る。どうする？ …… 171
Q6 テナントが内緒で「又貸し」をしていた。どうする？ …… 172
Q7 テナント同士がトラブルを起こした。どうする？ …… 174
Q8 保険代わりのサブリース契約を検討中。どうする？ …… 175
Q9 リノベーションしたのに割に合わなかった。どうする？ …… 177
Q10 中古ビルを買うべきか、新しく建てるべきか。どうする？ …… 179
ワンストップの不動産管理会社ならオーナーは「おまかせ」でOK …… 180
○売買の前日に売り主側オーナーが梯子を外してきた 182
○不動産管理会社次第で利幅は大きく変わる 184

[第7章] ビル投資で経営者の未来は明るくなる

経営理念の実現や社会貢献のために「勝ち組」の戦略を採る …… 188
娘婿にビルを貸し出して未来へつないだオーナー …… 190

スタートアップ用ビルとして一緒に夢を追う……192
ビルを広告メディアや集客コンテンツにする……193
資産10億円でできる「黄金の好循環」……195
過去の情報や常識にとらわれず挑戦する人の集団……198
「攻める資産形成」で「お金を生んでくれるもの」を未来に残す……200

あとがき 「Investment」という言葉の本当の意味……203

編集協力：潮凪洋介・廣田祥吾
装丁・本文デザイン：藤井　映（castanetstudio）

［第1章］

内部留保があるなら
不動産投資に回しなさい

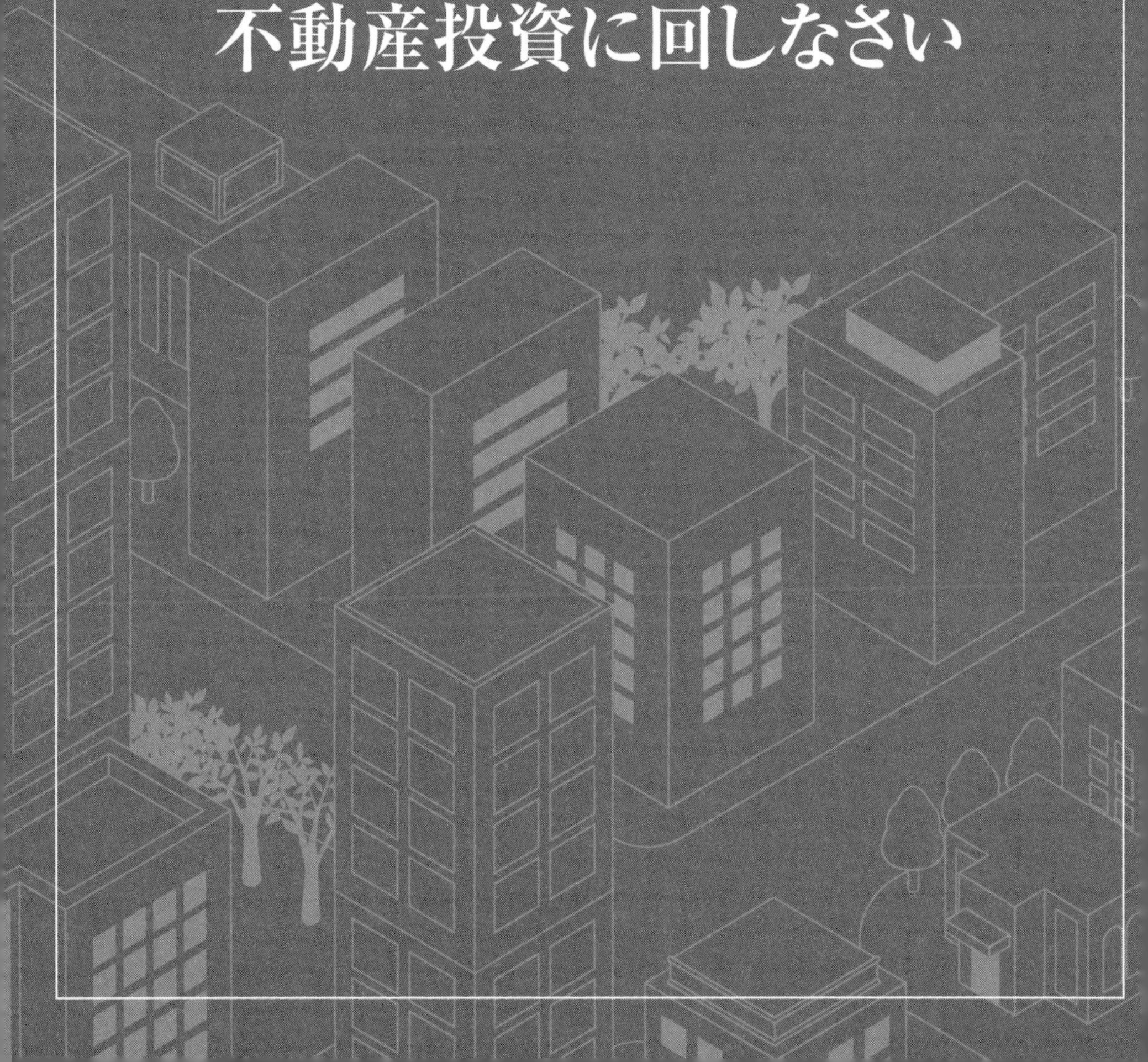

■2020年、「倒産の割合」は過去最高になった！

2021年：5980
2020年：7773
この数字が何を示しているか、ご存知でしょうか？ これは、全国の企業倒産件数です。東京商工リサーチの調査『全国企業倒産状況※』によると、19年の8000件を超える数字から7％ほど下がったようです。ただ、これは安心材料にはなりません。そもそも、8000件を割ったのは30年ぶりとのことで、さらに昨今は新型コロナウィルスによって、今も日本における企業の倒産が相次いでいます。

また同調査によると、このうち「法的倒産」と言われる次の4つ、

1. 会社再生＝主に大手企業が取る手段で、スポンサーを見つけて現在の事業を継続しながら再建を図る方法
2. 民事再生＝主に中小企業が取る手段で、経営者が続投しながら債権者の同意のもと、再建を図る方法
3. 特別清算＝親会社が子会社を倒産させる場合に使われる手段で、会社法に基づいて残っている

※東京商工リサーチ『全国企業倒産状況』

財産を生産し、債権者に公平に分配して会社をたたむ方法

4．破産＝破産法に基づいて残っている財産を生産し、債権者に分配して会社をたたむ方法

つまり、7500件近くが「倒産をした」ということになります。

ちなみに、4つの法的倒産のうち「4．破産」は、全体の8割を占める倒産形態だと言われています。

を含めた倒産の割合は過去最高で95・9％でした。

■不動産投資は企業が持つべき「もう1つの財布」

企業が倒産する理由はさまざまです。

ですが、中小企業庁が東京商工リサーチの調査をもとに発表している『倒産の状況※』によると、理由の第1位は「販売不振」によるものです。

つまり、モノが売れないから業績が悪化して倒産する、ということです。

2020年で見てもその件数は5729件と圧倒的で、割合は全体の約74％。理由の第2位である「既往のしわよせ（実は業績が悪化しているのに、そのことを把握せずに倒産させてしまう

こと)」の771件と比べても、7倍以上の開きがあります。

「モノが売れない＝お金が入ってこない」という状況は、特に25年近いデフレが続いた日本においては、深刻な問題です。経営者であればすぐにでも手を打って、なんとかしなければいけない状況です。

ですが、デフレの状態とは「モノの価値が下がり、逆にお金の価値が上がってしまう状況」のことを指します。お金の価値が上がると消費者はお金を大事にします。つまり、お金を使わなくなります。

お金を使ってもらえないと企業の業績は下がります。業績が下がると従業員の給料を上げられなかったり、ボーナスカットなどをして実質的に賃金を下げざるを得なくなるでしょう。すると、消費者でもある従業員はお金を使えず、企業の業績はますます下がります。

この状況を「デフレ・スパイラル」と呼ぶことはご存知だと思います。

中小企業倒産原因状況

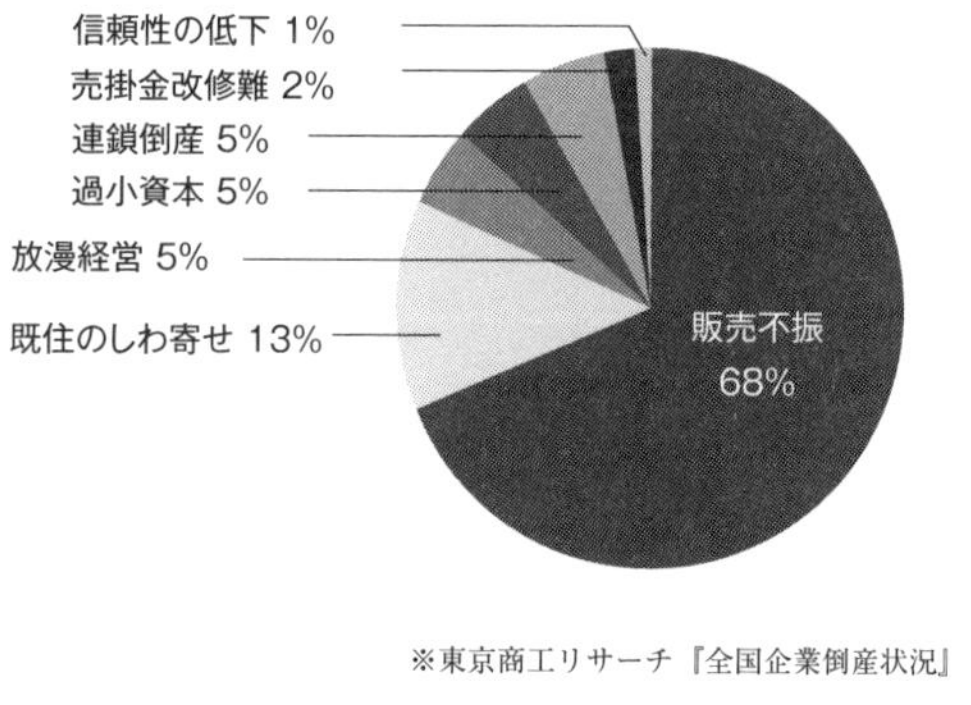

※東京商工リサーチ『全国企業倒産状況』

ただ一方で、企業としては何とか業績を維持、もしくは上げていかないと会社を存続させることができません。給料カットや経費節減、リストラによる人員整理による利益確保は〝自分のしっぽを食べるような行為〟ですから限界があります。

安定した業績を維持するためには、本業である事業を伸ばしていくことが大事なのですが、それもなかなか難しい現在、経営者はもう1つの「財布」を持つ必要がある、と私は考えています。

その財布こそが「不動産投資」です。

■営業外収益で売上も内部留保も増やせる

業績不振とは別の角度からも、お金のことを見ていきましょう。

企業にかけられる税金に関して、です。

日本の法人が負担する税金は次の5つです。

1. 法人税（税率23・2％）
2. 地方法人税（税率10・4％）
3. 住民税（税率10・4％）
4. 事業税（税率1・18％）
5. 特別法人事業税（税率2・9％）

これらは法人の利益にかかる税金です。これらの税率の割合は「実効税率」と呼ばれていて、税理士などの士業が専門知識を使って調整しています。

実効税率は計算式によって30・62％になります。詳しい話は割愛しますが、ここでは、法人は利益に対して約30％の税金がかかるものとして進めます。

例えば、ある中小企業が3億円の売上があり、1億円が経常利益として残せたとします。ここに30％の税金がかかると手残り＝純利益は7000万円です。

この7000万円は内部留保になりますが、次年度の経営の原資に使われることになると思います。売上を伸ばすのが難しく、かつ内部留保は次年度の原資としておいそれと手を触れるわけにはいかない。しかも、税制を変えることは行政マターなので一経営者にはできません。

そうなると、経営者が取るべき選択肢は限られてきます。

1つが節税です。これは後ほどお伝えします。

もう1つが「収益の分母を増やすこと」です。利益構造を変える、と言い換えてもいいかもしれません。

例えば、本業とは連動していない別の収益源——つまり、営業外収益を持っていれば、収益の分母が増えたことになりますので、自然と経常利益を増やすことができます。

もちろん、納税は避けられませんし、するべきだと私は考えていますが、それでも〝もう1つの財布〟を持つことで純利益を増やし、内部留保を拡大することができるのです。

■節税よりも納税したほうがメリットは大きい

ここで、先述の「節税」について補足します。

できるだけ税金の支払いを抑えたい経営者が行いがちなのが節税です。

特に、上り調子の企業は利益確定を先延ばしにするため、例えば生命保険に入ったり、有価証券や不動産による投資を行います。

従業員の福利厚生の一環として生命保険を全社で加入したり、会社の行く末を考えて団信に加入したり、株や国債などの有価証券であっても「投資」ということそのものであれば考え方は正しいと思います。

ただ中には、高級車を買ったり（社用車として必要であれば別です）、高級ブランドの時計を買ったり、クルーザーを買ったり……という枚挙に暇がないくらいに「節税＋嗜好品」の考え方でモノに換えて節税をするのであれば、その考え方はちょっと違うのではないか、と私は考えています。

前項で「納税はするべき」とお伝えしました。

これは単に「脱税するな」とか「国にお金を収めよ」ということを言いたいわけではなく（もちろん、脱税はNGですが）、納税することによって企業は「社会的信用」というとても大きなメリットを得られるのです。

社会的信用を得た先には金融機関からの評価があり、それは今後の融資の通りやすさにつながっています。

そういう意味で、利益確定を先延ばしにすることを目的に、あぶく銭を使うような節税はするべきではない、と私は考えています。

ここで、融資に関して試算してみましょう。

売上は別にして、2億円の経常利益が出たA社とB社があると設定します。

ここでまともに納税すると30％なので6000万円が納税額。1億4000万円が純利益として手元に残ります。これがA社のパターンです。

■A社、B社の手残り金額の差

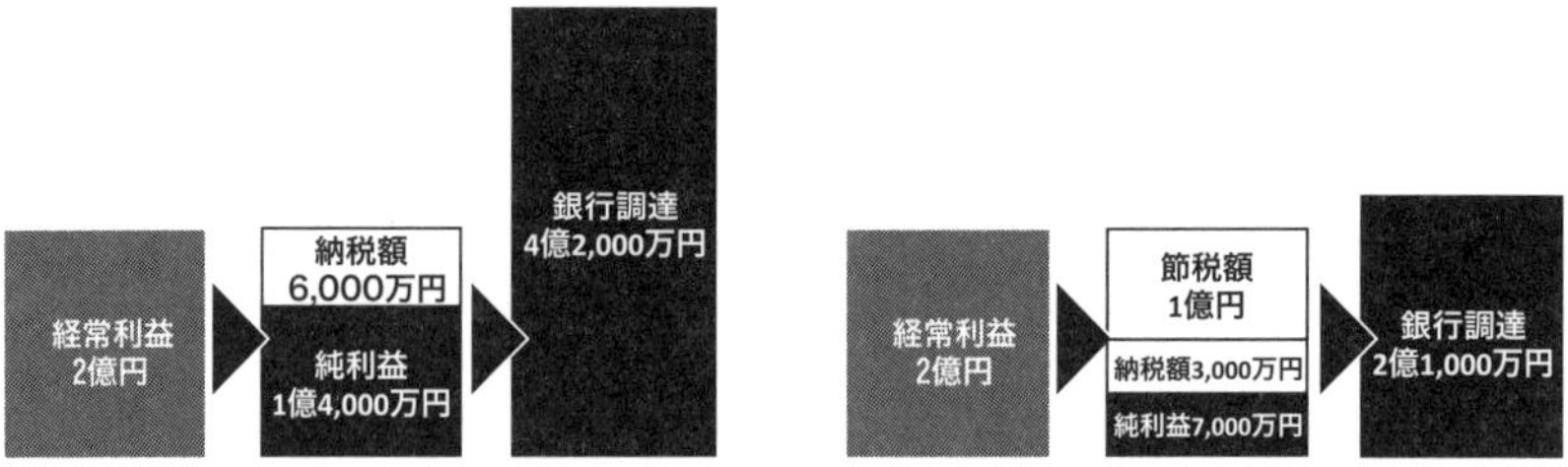

A社、B社の次年度の経営原資の差は、**倍の2億8,000万円**

＊A社：純利益＋銀行調達＝5億6,000万円　B社：純利益＋銀行調達＝2億 8,000万円

＊上記はあくまで法人税**30%**、銀行調達**3**倍で計算、比較した概算の図となります 。

逆に、B社は2億円のうち半分を例えば、1億円の高級車を買ったりして節税に回し、残りの1億円から納税をしたとすると、納税額はA社の半分の3000万円になりますが、手残りもまた半分の7000万円になってしまいます。

この時点で手残りが半分になってしまっていますが、ここにさらに社会的信用の有無が影響してきます。

私の経験では、大体、純資産に対して3倍のレバレッジ（金融機関などの「他人資本」を使うことで自己資本に対する利益率を高めること。その倍率）をかけて金融機関は融資を考えてくれます。

A社の純利益1億4000万円であれば3倍の4億2000万円。ここに手残りの1億4000万を足すと5億6000万円を次年度の経営原資とすることができます。

一方、B社は7000万円の3倍で2億1000万円。ここに手残りの7000万円を足すと2億8000万円が次年度の経営原資となります。

しかも、これは融資を受けられた場合の話で、もしかすると社会的信用を得られなかったB社は融資をしてもらえない、もしくは融資のレバレッジが下がって、MAXの1億6000万円に至らないことも考えられます。

どちらの例が経営上に有利かは、火を見るより明らかです。

■なぜメリーチョコレート社は買収されたのか？

ここまで読んでみて、もしかすると、

「確かに社会的信用はわかったけど、そもそも融資って『会社の借金』なわけだし、必要であっても、できるだけないほうがいいのでは？」

と考えた読者もいるかもしれません。

確かに「無借金経営」は美しい言葉に聞こえます。

ですが、社会的信用とともに融資を受けてそれを返済した「返済実績」もまた、経営にはとても重要なファクターです。

株式会社武蔵野・代表取締役社長の小山昇氏は2018年1月の『ダイヤモンド・オンライン』の取材記事の中で「無手形は正しい。しかし無借金は正しくない！」と語っています。

その際に例として挙げられたのがメリーチョコレート社の買収事例です。

メリーチョコレート社は日本を代表する高級チョコレートメーカーで「バレンタイン・デーの生みの親」とも言われる老舗企業です。北海道から沖縄まで、全国に店舗を持ち、タイやカンボジアにも出店しています。

そのメリーチョコレート社が、2008年に全株式をロッテHDへ売却し、同グループの傘下に入りました。買収されてしまったわけです。

メリーチョコレート社は経常利益率10％の超優良企業でした。そして当時、本業は順調でした。ですが資産運用で失敗し、いきなり数十億円規模の損失を抱えてしまいました。

本来はここで金融機関が登場し、緊急で融資の話になると思います。

ところが、メリーチョコレート社のケースでは、同社に借入実績がなかった（当然、返済実績もなかった）ため、融資を得られませんでした。

結局、ロッテＨＤの１００％子会社として生き残らざるを得なかったのです。

メリーチョコレート社は本業では順調でしたが、資産運用で失敗してしまいました。

では、もしも資産運用をしていなくて、本業がうまくいかなくなってしまった場合はどうなるか？

メリーチョコレート社のような有名企業であれば買収先もあるかもしれませんが、一般の中小企業だと最悪の場合、倒産することも念頭に入れておかなければいけません。

不動産投資を行う場合、多くは自己資金にプラスして金融機関からの融資を受けます（自己資金のみで行うクライアントもいますが）。その際、過去に融資＝金融機関からの借金をして返済している実績があれば、融資はずっとしてもらいやすくなります。これを調子のいいときに実行しておくのです。

そう考えると、小山氏の言葉はまさに正鵠を射ていると思えます。

それに、不動産投資によって営業外収益を得られる状況を作っておけば、本業が危なくなったときでも、それを補填する別事業を持てていることになるのです。

■税金よりも大切な相続（事業承継）のこと

先述の東京商工リサーチの調査『全国企業倒産状況』にはもう1つ、見逃せないファクターがありました。それが「人材不足」の関連で倒産した企業のうち「後継者難」による件数が前年の270件から370件に増えていたことです。

後継者がいない——つまり、事業を承継できる相手がいないことによって会社をたたまないといけないのは悲しいことです。

後継者問題そのものについては、本書とは別テーマなので割愛しますが、たとえ後継者がいて無事に株式譲渡ができたとしても、事業継続の問題は万事解決ではありません。

まず、先代のときの売上を維持できるかどうか、です。

経営者が変わるため、会社としての「あり方」そのものが変わります。その場合、今まで確保できていた売上や利益が大幅に変動することが考えられます。

次に、承継した2代目や3代目の経営者に求心力があるかどうか、です。

事業継承が行われるときは、得てして創業社長が息子や経営者資質を持った社員に事業を引き継ぎます。

ですがその場合、創業社長とともに会社を大きくしてきた古参の社員たちが離れていくことが考えられます。

愛社精神が低下したり、創業社長の退任に連鎖する形で「私は先代についてきた」と退職が起こったり、もしくは別会社を作って独立されたりすることも考えられます。

このような「人」の問題は社内だけにとどまりません。

例えば、取引先とのつき合いが変わるケースも考えられるでしょう。その中でも特に重要なのが金融機関とのつき合いです。

先代のときは金融機関と折衝をしてきた財務のキーパーソンがいて、お金のことは任せていたのに、新社長に求心力が足りないばかりにその人材が連鎖退職するリスクが考えられます。その場合は新たに財務の担当者を立てるか、新社長自身が事に当たらなければいけませんが、金融機関の担当者とは〝初めましての関係〟になってしまいます。

企業にとって最も重要なのは、経営資源としての「お金」を金融機関からどれだけ引っ張れるか、です。人を雇うにしても教育するにしても、設備投資をするにしても、営業活動を強化したり技術レベルをアップさせるにしても、基本的にはお金がかかります。

会社にとってのお金とは、売上や金融機関からの融資です。

事業承継によって、そこにリスクが生じる可能性が出てくるのです。

※生前贈与に課税される贈与税には「基礎控除」と言われる非課税枠が存在するため、相続税対策には生前贈与が有効です。

基礎控除は、財産をもらう人1人あたり年間110万円が設定されています。つまり、年間110万円以内の贈与については贈与税が課税されません。

※多くの富裕層の場合このような措置を取られているため今回サンリオさんがそのような措置を取られていたかは別として命に順序はない点から対策を取るにもバランスが大事だということを伝えるため本内容を採用しております。

後継者を突如失ったサンリオ社の悲劇

この話に付随して、サンリオ社を襲った悲劇もお伝えします。

ハローキティやマイメロなどで有名な日本の企業「サンリオ社」の副社長だった辻邦彦氏が、2013年11月、ロサンゼルス滞在中に心不全で亡くなりました。61歳という若さでした。創業者である辻信太郎社長の長男で、後継者としても有力視されていた方だったそうです。

ですが、命に順番はなく、残酷なことに副社長が先に亡くなりました。

信太郎社長としては邦彦副社長を後継者として見ていたことに加え、相続税対策で生前贈与やあらゆる手段を使われていたことと思いますが、結果的には邦彦副社長の死去によってそこで相続が発生してしまいました。節税が裏目に出てしまった、とても残念なケースです。

ただ、このケースで私がお伝えしたいのはそれだけにとどまりません。

「人」という会社の経営資源（＝ヒト・モノ・カネ・情報）の1つを失ってしまったことがサンリオ社にとっては大きな不幸であったと思います。

しかも、それは後継者と目される人物でした。

事業承継や相続には、これらのリスクは常について回ります。そして、このことはすべての企業について回る懸念でもあるでしょう。

それを回避するためにも、もしくは万が一、起こってしまっても対処できるよう、やはり「人手を必要としない利益構造」を経営者は考えておくべきです。

できれば、それもできるだけ早いうちに。事業は傾き始めてからではなく、まだ潤沢な資金があるうちに手を打っておくべきなのです。

参考：サンリオにみる事業承継の難しさ―宮田総合法務事務所
https://legalservice.jp/staffblog/8918.html

■１００年企業になるための長寿戦略とは？

もう始まって2年近くが経ちましたが、２０１９年の暮れから始まった新型コロナウィルスの世界的蔓延は、２０２０年には本格的に各国へ上陸し、日本でも東京オリンピックの延期、数度に渡る緊急事態宣言と自粛の要請、ライフスタイルの変化など、多くの影響を及ぼしました。

ほんの十数年前にはリーマンショックがありました。アメリカで起きた問題が日本のマーケットにも影響を及ぼし、日本政府は緊急の財政出動でこれをなんとか乗り切ることができました。

事業を継続する上で、安定した売上の確保、事業承継の問題に加えて、このような不測の事態への対処など、さまざまなリスクが存在します。

『日経ビジネス』２０１７年3月の記事には、メディカル・データ・ビジョン社の岩崎博之社長が「ベンチャー企業の20年後の生存率０・３％※」というデータを示して論を展開しています。

この記事によると、ベンチャー企業の生存率として、創業から5年後には15％に、10年後には6・3％に、20年後には0・3％にまで下がるくらい厳しい、とあります。

また、記事ではベンチャー企業としていますが、私はこの何が起こるかわからない世の中では、多少のパーセンテージに変動はあるとしても、すべての企業がこの数字を把握した上で、事業継続を考えなければいけないと思います。

事業を長期に継続させるためには「赤字確率をいかに減らすか」が重要です。

そのためには「固定費」と呼ばれるさまざまな経費を「固定収入」によって相殺するのが理想です。言ってみれば赤字は、売上を固定費が上回るから発生するのですから。

もしも、安定した営業外収益があって、それで固定費を相殺できるとすれば、本業の売上はそのまま利益にすることができます。こういう戦略を取ることによって、事業継続性は高めることができます。

※日経ビジネス『「創業20年後の生存率0.3％」を乗り越えるには』

大切なのはキャッシュフローを回す仕組み

ベンチャー企業にとどまらず、今やほとんどの企業が「経営理念」や「ミッション」や「ビジョン」を掲げています。

それはつまり、「その会社を起ち上げ、継続させる目的」を持っているということです。少なくとも、その想いを持って起業し、現在も事業を継続させているはずです。

売上の低迷や相続のトラブル、不測の事態は、せっかく想いを持って起ち上げた会社が、その事業を継続できなくなってしまう大きなリスクです。事業が継続できているからこそ、理念を実行できるのです。

事業を継続して理念を実行するためには赤字をできるだけ回避することですが、そのために必要なものがキャッシュフローです。要するに「手持ちの資金」です。

不動産投資によって営業外収益を確保できれば、その分だけキャッシュフローがプラスになります。

また、融資においても不動産を持っていることで「担保」とすることができます。不動産を担保にしてお金を借り、そのお金を使って人材採用や商品・サービスの開発を行うことだってできるでしょう。

資本主義はどこまで行っても「いかにお金を確保するか」です。

お金を確保できず、不測の事態などのリスクを回避できなかったことで、理念を実行できないのは、企業としてとても悲しいことです。

逆に言えば、キャッシュフローを回せる仕組みを作っておけば、不測の事態への対応だけでなく、長期の事業継続も夢ではありません。0・3％しかいない20年企業はおろか、100年企業を目指すための長寿戦略にもなるのです。

■これからの企業は「二輪車」で走りなさい

副業・兼業のための総合情報サイト『BitWorks』によると、2021年の時点で中小企業だけではなく、大企業においても副業が解禁されたことが示されています。

IT系で言えばソフトバンクやYahoo!やサイボーズやDeNA、食品系はアサヒグループ、自動車・機械系では日産自動車、小売業では丸紅、サービス系ではリクルートやHIS、娯楽系ではセガサミーHD、と誰でも一度は名前を聞いたことのある数々の大企業が、社員への副業を解禁しているのです。

また書籍でも「副業で起業する」ということをテーマにした書籍がたくさん発売され、これはそれだけ世間で「副業で稼ぎたいニーズ」が高まっていることを示していると言えるでしょう。

※ BitWorks『【2021年図解】副業解禁企業・導入背景・許可制度まとめ』

副業が解禁された背景には人口減少による労働人口の深刻化、老後破綻の問題、そして働き方改革による2つの施策（「モデル就業規則」の改定と「副業・兼業の促進に関するガイドライン」の公表）などがあると思いますが、私としては会社が正社員として従業員に定年まで賃金を払い続けるのが難しくなり、従業員のリスクヘッジの意味もこめられていると思っています。

さらに、社外で仕事を作って副業にできることは従業員にとって「能力のプラス」にもなります。能力を上げられることに加えて、そこには「そういう力がない人はいらない」という暗黙の意味も込められているように感じます。

さて、副業の是非に関しては置いておくとして、一個人がこのような流れになっている時代の変化をつぶさに感じ取るのであれば、私は「企業も副業をするべき」と考えます。

それが不動産投資事業――それも「ビル投資による貸事務所業」です。

詳しくは次章で解説しますが、貸事務所業を取り入れることによって、何度もお伝えしている「もう1つの財布」を企業は持つことができます。

例えば、純利益が5000万円出ているA社と、純利益5000万円にプラスして不動産の収益が2000万円あるB社を比較したら、誰が見ても後者のほうがキャッシュフローは強いとわかります。

本業だけで走っている状態は、言ってみれば一輪車です。

不動産投資は、そこに〝もう1つの車輪〟を備えることと同じです。

もちろん、不動産投資だからって何でもいいわけではありません。ビル投資による貸事務所業であっても、きちんと選んでいかなければいけません。これについてもこの先でお伝えしていきます。

ここで明確に語っておきたいのは、個人が副業によって二輪車で走っているのだから、これからは企業も二輪車で走る時代になっている、ということです。

そのようにして「どこからでも利益の取れる構造」を持っておくべきなのです。

なぜ「設備投資より不動産投資」なのか？

本章で私は不動産投資——ビル投資による貸事務所業を読者に強くおすすめしていますが、業種によっては工場などの「設備投資」も不動産投資の一環と考えるかもしれません。

例えば、製造業であれば自社の生産工場です。

確かに土地を買って建物を建てるわけですから、不動産投資と思えるかもしれません。ただ、設備投資はあくまでも「営業内」での必要な投資です。製造工場であれば本業の生産ラインを増強させるために工場を新設したり、拡張したりするわけです。

また、設備投資で工場などを作った場合、万が一、本業が悪くなったときに〝なかなか売却しづらい資産〟になってしまいます。

生産設備を売却すると自社の生産性は下がります。まさに身を切るようなもので決断を下すのにかなりの覚悟が必要でしょう。

それに、生産工場は基本的に自社で使うことを前提に建てられるものですから、同じ製造業であっても他社にとっては使い勝手が悪かったり、「好み」が出るところもあるので、これも売却しづらい理由になります。

一方、ビル投資による貸事務所業であれば、まず本業とは連動しないものなので、売却をするにしても本業への影響はほとんどありません。運用商品として「本業から外しやすいもの」として、売却や撤退が容易です。

次に、ビルは〝貸しやすい不動産〟です。貸しやすい＝誰からでもニーズがあるものなので、売却する際にも買い手にとって運用しやすい不動産商品になります。必然的に売却しやすく、売却益も得やすい商品になります。

さらに、工場などがマニアックなものであるのに対して、事務所は企業であればほぼ必須なものになります。もちろん、広さや立地などは好みが発生しますが、企業にとって衣食住で言う「住」の部分に当たりますので、遥かに汎用性が高いです。

そして何より、毎月の家賃収入があります。これが営業外収益として毎月入ってきます。キャッシュフローとしてある程度先が読みやすいので、安定した収益として確保することができるのです。

「でも、そう簡単にビル投資なんてできるの？」

そんな声が聞こえてきそうです。

次章からは、なぜビル投資による貸事務所業がおすすめなのか、他の投資商品と比べてどうなのか、どうすれば儲かるビル投資ができるのか、などを数々のトピックでお伝えしていきますので、読み進めながらその疑問を払拭してもらえたらと思います。

[第2章]

なぜ今、
中小オフィスビル投資が
アツいのか?

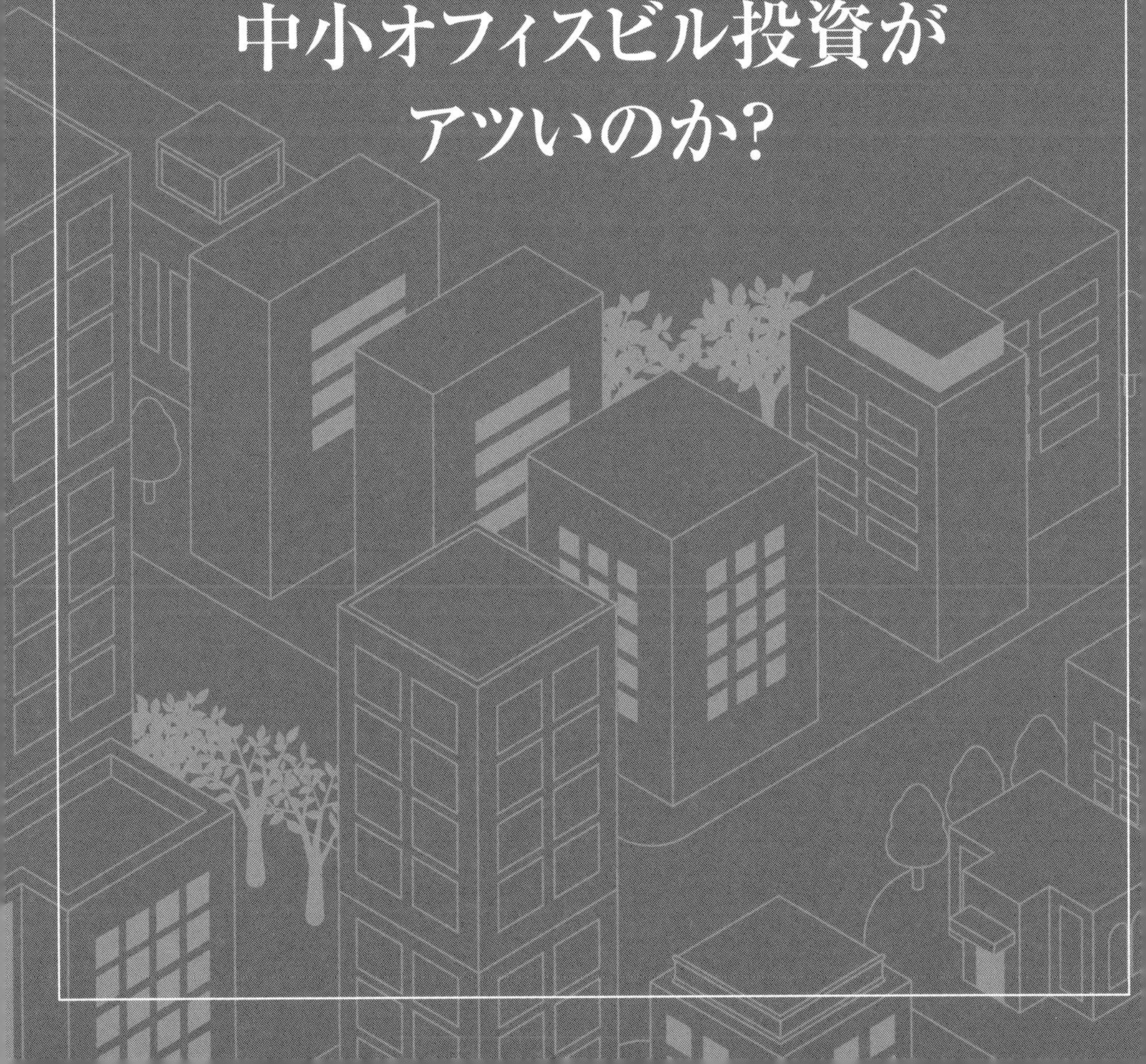

第１章では、企業が安定した営業外収益を持つことは、事業継続性を高める上で非常に重要で、その方法として不動産投資――中でも、「ビル投資による貸事務所業」がおすすめであることをお伝えしました。

ビルについては本章の後半で伝えるとして、まずそもそも「なぜ、貸事務所業がおすすめなのか」というところから入っていきましょう。

■「貸事務所業がおすすめ」な理由

帝国データバンクが『「老舗企業」の実態調査』として２０１９年１月に発表したデータがあります。

調査結果によると、全国の老舗企業は４万４０９社存在します。同調査では２０１６年のデータとも比較していて、約２万９０００社だったところから、３年間で４０００社以上も増えたことを伝えてくれています。

このデータを「業種別（大分類、細分類）」に見ていくと、「大分類」では製造業８３４４社をトップに、小売業７７８２社、卸売業７３５９社、建設業３５５９社、サービス業３２３４社、そして不動産業１５３４社と、お馴染みの業態が４桁を超える件数で並んでいます。

さらに、「細分類」で上位10業種を見てみると、清酒製造業801社、旅館・ホテル業618社、呉服・服地小売業568社、木造建築工事業492社などを抑えて業種別では、「貸事務所」が1245社でトップ。

財閥系の「長期保有資産」を知っていますか？

戦後、GHQ（連合国総司令部）によって日本では三井、三菱、住友などの「財閥」と呼ばれた巨大独占企業が解体されました。学校の歴史の授業で習った1947年の「財閥解体」です。

ですが、1997年の独占禁止法の改正によって持株会社の設立が許可されるようになると、旧財閥系だった各企業はグループとし

■業種別老舗企業ランキング

【業歴100年以上の「老舗企業」上位10業種】　老舗企業数：32,259社

順　位	業　種	老舗企業数（社）
1	貸事務所業	894
2	清酒製造業	801
3	旅館・ホテル業	618
4	酒小売業	611
5	呉服・服地小売業	568
6	婦人・子供服小売業	535
7	木造建築工事業	492
8	一般土木建築工事業	479
9	酒類卸売行	475
10	土木工事業	434

▶老舗企業がもっとも多い業種は **貸事務所業**

（株）帝国データバンク　特別企画：「老舗企業」の実態調査（2019年）参照

て再度、集結するようになりました。

現在、日本には大小含めて60を超える財閥が存在しています。

その中でも「3大財閥」として知られるのが「三井財閥」「三菱財閥」「住友財閥」です。ここに「安田財閥」を含めて「4大財閥」とも言われます。

彼らが長期に保有する資産として、ぜひ注目してもらいたいのが「ビル」です。

三菱系であれば東京駅周辺に「三菱●●ビル」という名前のついたビルがたくさんあります。住友系なら駅チカのいいところにビルを持っています。

また、財閥の名前を表に冠していなくても、関連会社や子会社に不動産を持たせるケースも山ほどあります。例えば、株式会社丸の内よろずの株主は三菱グループだったりします。

これら財閥は明治の頃より継続して事業を行い、それこそ150年以上も事業を継続しています。

もちろん、商社や銀行、住宅系不動産など、多角的に事業を展開していますが、私が考えるに、売上や純資産規模を大きくした要因は間違いなく「オフィスビルの保有」であり、ビルを企業に貸し出す「貸事務所業」なのです。

つまり、ビル保有による貸事務所業は「事業を長期に継続させるためにはベストであると証明されている」と言えるでしょう。

■不動産なら住宅・マンションよりもビルを買いなさい

不動産による長期資産の保有を考えるとき、ビルとの比較対照で「アパートやマンション」を検討する読者もいるかと思います。

先述の財閥の話も絡んできますが、長期保有で考える場合、私としては住宅やマンションはおすすめしません。

なぜなら、借り手のニーズをどこまで担保できるかが不透明だからです。

資産として不動産を購入する際、私は大きく分けて4つに分類できると考えます。「住宅系」「商業系」「大規模」「中小規模」の4つです。

住居系で大規模だと、タワーマンションやホテルが例に挙がります。また、住居系で中小規模だと通常のマンションや戸建てが例に挙がります。

どちらの場合でも言えるのですが、住居系はかなり供給されている――というか、供給され過ぎています。もちろん、需要があるから供給が起きるわけですが、それは主に「購入したい人」のニーズです。「借りたい人」で考えると、それがどのくらいなのかは別の話になります。

世間には「サラリーマン大家さんで不労所得を得よう」という類の宣伝文句が横行し、実際に物件を購入して利回りで儲けようとする人があとを絶ちません。

供給側であるデベロッパーも作れば売れて儲かるわけですから、どんどん供給します。その時点ではBtoCビジネスとして成り立っているでしょう。

ですが、購入したあと、その創られ過ぎたマンションやアパート（借家やアパートも含む）の〝賃貸ニーズ〟はどうでしょうか？

現在、日本は少子高齢化で人口が年々減っています。

厚生労働省が発表した２０１９年の「人口動態統計」では、死亡者数は戦後最多の約１３８万人、出生数は過去最少の約86万人でした。

つまり、２０１９年のたった1年間で、日本の人口は約50万人減っていることになります。

また、インフラが整った現代の日本では、新幹線や飛行

■住居系投資とビル投資比較

住居系	比較内容	事業系
個人	入居対象	法人
短い	平均入居期間	長い
ほぼ無い	賃料上昇	大きい
多い	設備負担	少ない
オーナー負担	現状回復コスト	テナント負担
早い	劣化スピード	遅い
1か月前	解約予告	3～6か月前
小さい	開発メリット	大きい
比較的容易	テナント付	立地による
購入価格より値下がりしやすい	売却価格	都心部は値崩れしにくい

機を使えば、地方から東京に出るのに30〜60分あれば可能です。

そのような世界で、果たして都心にマンションや住宅を買って、そこを借りてもらえるかどうか、その需要は果たしてあるのか。私としては、むしろニーズは遠のいているように感じています。

さらに、先述の財閥の行動は参考になります。注目するポイントは財閥系が「何を売っているか」ではなく「何を長期保有しているか」です。

彼らは日本で最も住宅やマンション扱っていても基本的には「長期保有」はしません。作って売っている企業体でもあります。一方、至るところにオフィスビルを持っていますが、売らずに持ち続けています。

販売ではなく、賃貸物件として長期保有に有利ならば、彼らはビルとともに住宅やマンションもまた、長期保有するはずです。にもかかわらず、彼らは販売に徹している。そこから読み取れることは明らかです。

投資した元本がどこまで保全されるか、という観点で不動産を考えたとき、供給され続けている住宅やマンションは価値が下がりやすいです。

それよりも、（後ほど説明しますが）供給されている度合いの少ないオフィスビルを持ったほうが、希少性が高く、価値を保ちやすくなるのです。

■貸事務所業はローリスク・ミドルリターンな投資対象

住宅系とビルを、もう少し比較してお伝えしましょう。

「ローリスクでミドルリターン」という観点から見ていきます。

設備が進化しないからローリスク

まず、貸事務所業がローリスクである点です。

ここ20～30年で見てみても、いい意味で、オフィスビルは設備的な進化がほとんどありません。基本的な壁、床、天井が存在していれば成り立ち、床下に空間を作って床を二重化した「ＯＡフロア」が追加されたくらいです。ＯＡフロアによって、ＬＡＮケーブルなどの配線を床下空間に這わせて、フロアをすっきりさせるのです。

一方、住宅は設備が年々進化しています。かつては、マンションであればオートロックやエレベーターや画面つきのインターフォンなど、現代ではシステムキッチンや風呂・トイレ別の仕様、ウォシュレットの常設、インターネットの標準装備など、時代の変化とともに進化しています。

つまり、どこかの時点でオーナーになった場合、住宅やマンションであれば追加をどんどしていかないと新しく供給されるものに勝ちにくくなる（不利になる）のに対し、ビルは立地さえ良ければテナントがつくので、ビル設備そのものにそれほど費用をかける必要がありません。

そういう意味で、リスクは低い（ローリスク）と言えます。

テナントの転居が少ないからローリスク

次に、テナント（住宅系で言えば店子）についてもローリスクです。

本書でお伝えしているビル投資による貸事務所業では、基本的にオフィスとして法人に貸し出す形を取ります。法人である以上、事務所を構えるとそこで登記を行います。

もしも、引っ越しを考える場合であっても、引っ越しにはそれに伴う費用がかかります。引っ越し業者に依頼する費用に加えて、登記の変更、取引先や業者などの関係各社への連絡、ホームページや名刺の差し替え……など枚挙に暇がありませんが、手間とコストがかかるのです。

一方、住宅のテナントであれば、例えば、更新料支払いのタイミングや、結婚や離婚などのライフスタイルの変化、賃料アップのきっかけなどで店子が引っ越すケースは常にあります。法人の場合は賃料アップを交渉する際、先述の手間とコストからスムーズに進むことがよくあります。

このような移動の少なさは、オーナーにとってリスクが低いと言えるでしょう。

安定しているからミドルリターン

右記の2つに絡めて言うと、貸事務所業はミドルリターンであるとも言えます。

まず、設備に対する投資が最低限で済みますので、ビルオーナーはお金を使う機会があまりありません。

もちろん、リノベーションや外壁塗装など、手をかけることは可能ですが、基本的に重要なのは中身なので、その辺りもテナントの状況を鑑みてオーナーの采配で決めやすいです。

次に、テナントの移動があまりないので、安定して賃料収入を得られます。

「会社」という社会的信用のある組織がテナントですから、家賃の滞納と言ったことも（ないとは言いませんが）少ないです。

景気やテナントの業績（収入）が良くなって賃料をアップする際も、住宅系であれば店子にもっといい部屋に引っ越してしまわれる可能性があるのに対して、オフィスは移動しないどころか賃料アップに応じてくれる可能性が高いです（実際、私のケースでは賃料アップを次々と実現しています）。もしくは、同じビル内で増床してもらえる可能性もあります。

賃料が上がるということは取得価格から見た利回りも上がります。さらに安定していて、出ていくお金も少ない。仮に、売却する際であっても最初の購入金額以上の額で売れることが多いため売却益も出やすく、これらの要素をまとめるとミドルリターンと言えるでしょう。

その他、貸事務所業にはさまざまなメリットがありますが、それは別途お伝えしていくとして、ここでは住宅系との比較でお伝えしました。

■「ビルを持つ＝売却できる資産を持つ」ということ

２０２１年1月、日本のビジネス界に衝撃のニュースが流れました。大手広告代理店の電通が「電通の顔」とも呼ばれた東京・汐留の本社ビルの売却を検討し、不動産大手のヒューリックが優先交渉先となったことが発表されたのです。売却金額は３０００億円規模という、国内の不動産取引では過去最大のものとなりました。

また、２０２０年11月には、音楽・映像事業を手がけるエイベックスが、東京・南青山の本社ビル「エイベックスビル」を売却することがわかり、最終的にカナダの大手不動産ファンド、ベントール・グリーンオーク社に約７００億円で売却する方針を固めた、とのことです。

新型コロナウィルスのパンデミックにより起きた社会変化の１つに「リモートワーク化」が挙げられます。東京商工リサーチの調査では、導入企業のうちの約27％が取りやめを発表しているものの、それでも数多くの企業は今もリモートワークを実践しています。

それに加えて、緊急事態宣言と自粛の要請による経済の不調で、日本中で多くの企業が業績悪化の事態となっています。

電通もエイベックスも、リモートワーク化による出社率の低下や、不測の事態への対応もあって苦渋の決断だったと思われますが、最終的に自社ビルを売却する手段を取ることになったのです。

さて、これだけを読むと、とても悲劇的なことのように思えます。

ですが私は、本書ではこのことを〝考え方を換えて〟見てもらいたいと思っています。それは「電通もエイベックスも自社ビルを売却することによって生き残れた」という事実です。

過去には、2013年にソニーが業績不振から自社所有のオフィスビル「ソニーシティ大崎」を1111億円で売却しましたが、売却益として400億円以上を得て、黒字確保をしました。

エイベックスの場合も、売却益は300億円ほどを得たと言われています。エイベックスの年間の営業利益は40億円ほどなので、約8年分の利益を確保できたことになります。

不動産を持つということは、このような不測の事態が起きたときに「売却できる資産」を持つことでもあります。

他にも、「あんパン」と言えば銀座の木村屋總本店が有名です。

現在は東京都江東区有明の東京工場内に本社がありますが、かつては西新宿にオフィスビルを構えていました。

そこは昔、あんパンの工場だったのですが、工場跡地にビルを建て、賃料収入を得ていたのです（現在は外資系ファンドに売却されています）。ちなみに、木村屋總本店の創業は1869年（明治2年）で明治天皇と皇后にも愛された味だと言います。

私もあんパンは大好きですが、あんパンの製造販売自体は、市場としてはすでに熟成しきった市場です。

にもかかわらず、150年以上も事業を継続させられた背景には、本業での切磋琢磨はもちろんのこととして、自社でビルを所有し、賃料収入によって営業外収益を得て、さらに売却益を得られたからではないでしょうか。

そのような意味からも、ビル投資による貸事務所業は、経営する上での選択肢を増やしてくれる手段なのです。

■おすすめは「Cグレード」以下のオフィスビル

では、具体的に中小企業の経営者がビルを手に入れるとして、どのようなビルを手に入れたらいいのでしょうか？

私が提案したいのは「Cグレード」以下のオフィスビルです。

オフィスビルには、例えば東京駅丸の内近辺の「インテリジェント・ビル」と呼ばれるような、空調や電気、インターネット、セキュリティなどを自動で配した高付加価値で高級感のあるビルが存在します。

　ですが本書では、そのような高級ビルに投資するのではなく、基準階面積200坪以下の、特に基準階面積10~100坪程度のCグレード以下のオフィスビル購入をおすすめします。

今、大手企業がCグレードビルに移動している

　Cグレードのオフィスビルをおすすめする理由として、まず挙げられるのが「需要」です。

　現在、新型コロナウィルスによる業績低迷や、特にリモートワーク導入による出社人員の低減や人員削減によって、今まで借りていた大型ビルからCグレードのビルへの移転が増えています。

　基準階面積200~400坪のフロアを事務所として借りていた大手企業に「そこまで大きなオフィスが必要ない」という動きが出ているのです。

■ビルグレード比較表

	Sグレード	Aグレード	Bグレード	Cグレード
総面積	>40.000 ㎡	>30.000 ㎡	10.000 ~ 30.000㎡	<10.000 ㎡
フロア毎の平均面積	>360 坪	>300 坪	180 ~ 300 坪	<180 坪
天井の高さ	>2.75m	>2.75m	>2.75m	<2.75m
階数	>40階	25~40階	10~25階	<10階

Cグレードのオフィスビルは家賃が段違いに安い

大手企業が移動している理由として、大型ビルが必要なくなったことに加え、もう1つ言えるのがCグレードのオフィスビルと比較したときの家賃の差があります。これは、おすすめする理由の2つ目とも重なります。

例えば、東京駅周辺や、渋谷駅、新宿駅、品川駅、浜松町駅などの主要駅から徒歩5分圏内の基準階面積200坪を超える大型ビルや、インテリジェント・ビルの場合、坪単価の賃料は安くても4万円です。

これを200坪借

■空室率&潜在空室率

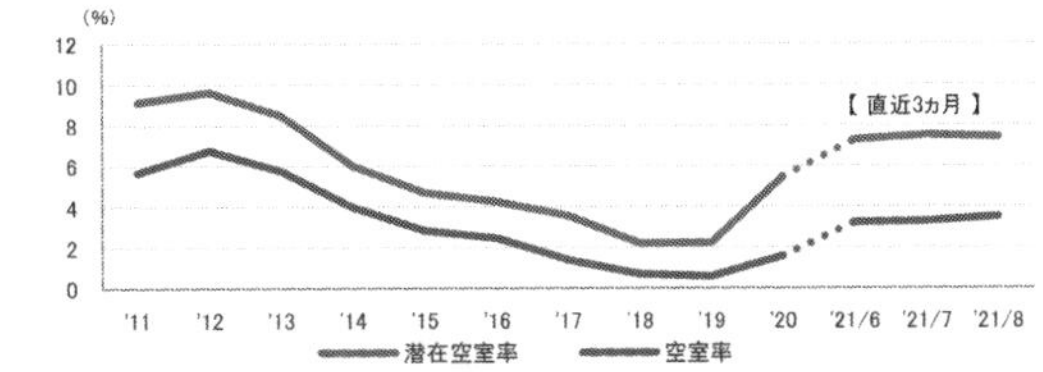

	2021/4	2021/5	2021/6	2021/7	2021/8
空室率	2.57%	2.88%	3.23%	3.26%	3.50%
【矢印：対前月比較】	↗	↗	↗	→	↗
潜在空室率	7.01%	7.13%	7.27%	7.49%	7.40%

■募集賃料&募集面積

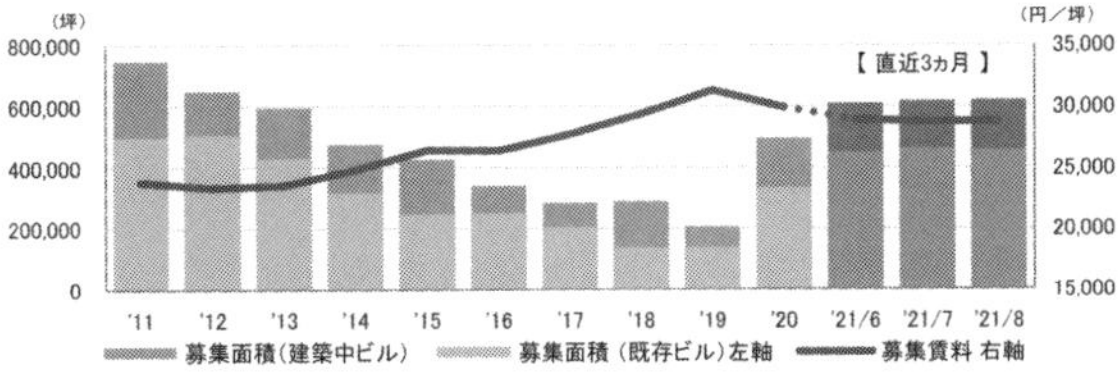

	2021/4	2021/5	2021/6	2021/7	2021/8
募集賃料(共益費込)	29,039円/坪	29,075円/坪	28,897円/坪	28,720円/坪	28,739円/坪
【矢印：対前月比較】	↘	→	↘	↘	→
募集面積	615,974坪	603,133坪	609,146坪	617,443坪	620,316坪

■区別 潜在空室率

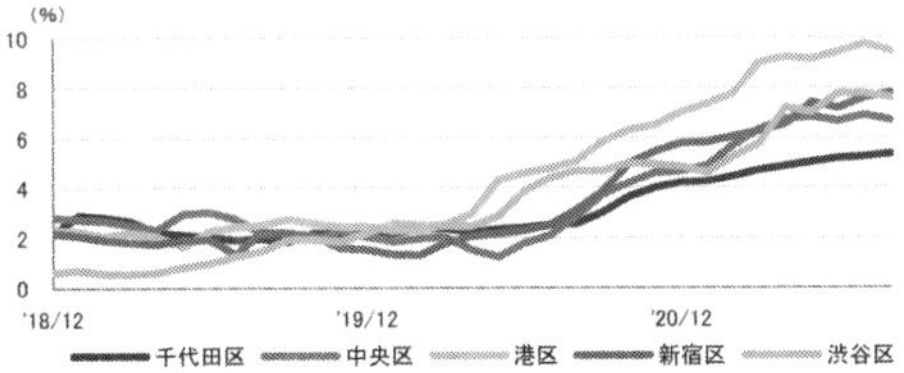

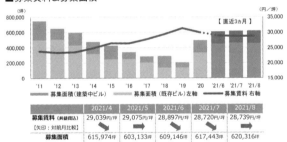

りるとしたら、×4万円で800万円が毎月の賃料になります。

一方、150坪以下のCグレード以下になると、途端に坪単価の賃料は下がります。大体1万5000円くらいになります。仮に、おすすめしている100坪のフロアを借りたとすると、×1・5万円で賃料は150万円です。

毎月の家賃を20％以下にまで圧縮できたことになります。月650万円の差額を1年間で考えると7800万円も削減できることになり、それはそのまま企業にとっての利益になりますから、業績が低迷したり、大きな事務所が必要なくなった企業が移動を検討（実際に移動を）しているのも至極当然の事だといえます。

Cグレードのオフィスビルは供給されていない

おすすめする3つ目の理由は「供給されていないこと」です。

当たり前のことですが「需要と供給」のバランスで考えても、供給が需要を上回れば必然的に「供給されるものの価値」は下がります。不動産で言えば大小の規模を問わず住宅系は供給過多です。

またビルにおいても、大型ビルは現在も東京都内で供給され続けています。

東京の街並みはここ10年でも様変わりし、東京駅周辺、渋谷駅周辺（渋谷ヒカリエ、渋谷スクランブルスクエア、渋谷ストリームなど）、高輪ゲートウェイ駅周辺、泉岳寺周辺、博報堂がある赤坂のビズタワー、貿易センタービルが再開発された浜松町周辺、汐留センターシティーなど、常に駅前は再開発工事が行われ、数年経つとそこに巨大な商業ビルが建っています。

一方で、Cグレード以下の中小オフィスビルに関してはほとんど供給されていません。まったく供給されていないわけではありませんが、ビルの巨大化に伴って更地のない東京では建設予定地の中規模、もしくは小規模ビルをまとめて取り壊し、エリア全体を1つの土地として大型ビルが建てられています。そういう意味で、私の肌感では中小オフィスビルは「プラマイゼロ」という感覚です。

ここに加えて、先述の事務所縮小のための移転のニーズがあります。

つまり、需要が供給を上回っている状態ですから必然的に「供給されづらいものの価値」は上がっているのです。

なぜインテリジェント・ビルは高いのか？

さて、家賃のことが出ましたので、ここで「インテリジェント・ビルがなぜ高いか」についてもお伝えしておきましょう。

森ビルや三井ビルなど、東京都内だけでなく全国にインテリジェント・ビルが存在します。ここにオフィスを借りようと思うと、坪単価の賃料が高く、しかもフロアも広いため、必然的に家賃が上がってしまうことはお伝えしました。

インテリジェント・ビルにはいいところがたくさんあります。

例えば、ほとんどが駅チカに建てられていて、最寄り駅から徒歩5分圏内で、雨にも濡れずにオフィスに通うことができます。

他には、セキュリティがしっかりしていて、パスがないと入れなかったり、警備員が常駐していたり、来客の際も名刺を複数枚出して本人確認をする総合受付があったり安全です。

あるいは、天井が高くてエントランスに高級感があり、働く人間のモチベーションの意味でもプライドを持てたり、豊かな気持ちになれたりと、ステータスとしての側面もあるでしょう。

空調や電気、インターネット設備、トイレなどの施設も含め、インテリジェント・ビルはオフィスビルとして〝すべてを兼ね備えたビル〟だと私も思います。

ただ、一方で入るには「家賃」という大きな壁があります。

なぜこれほどに賃料が高く設定されるかというと、単純に土地の高さも含めて、そもそもの建設コストが非常に高いからです。そのコストを回収するためには、必然的に高い単価で借りてもらわなければ収益として合わないのです。

またターゲットも、上場企業をはじめとした超優良企業が対象になるので、必然的に売上高の高いそれらの企業が入るようになり、わざわざ中小企業のように賃料を引き下げるようなことはしません。

言ってみればインテリジェント・ビルは、誰もが知る日本の有名企業や世界企業の日本支社など、限られた企業のためのものなのです。

■海外企業が日本の中小オフィスビル入居を狙っている

大手企業の移転に伴う需要に加えてもう1つ、海外からの需要の側面から考えても、Cグレードのオフィスビルは見逃せないポイントです。

エイベックスのビルを買ったのはカナダの大手不動産ファンド、ベントール・グリーンオーク社であったことはお伝えしました。

現在、日本は新型コロナウィルスでパニックになっていますが、海外はむしろ日本の感染状況を見て「日本は安全」と考えていて（実際に世界と比べると感染者数も死亡者数も少ないので）、日本――特に東京のビルを買いに来ています。

他にも、〝世界で一番ビジネスをしやすい環境〟を作ることを目的に進行している「国家戦略特区」の制定によって、確実とは言えませんが、日本に海外企業が新規参入してくる動きも今後は考えられます。

国家戦略特区の賛否は一旦置くとして、これまで海外企業は日本を〝アジアの拠点〟として選ばなかった理由の1つに「税金の高さ」が挙げられます。

国家戦略特区によってその地域に入った企業は税金が優遇されるようになりますので、海外の企業にとっても、これからの日本は拠点を置くべき国の1つになり得るのです。

もちろん、これから先のことなのでまだ確定した未来ではありませんが、「税制」というハードルが消えたことで、今後は海外企業が日本の中小オフィスビルにテナントとして入居する可能性が上がったことは事実です。

もちろん、入居させるかどうかに関してはオーナーの判断にはなりますが、大手の移転プラスαの需要が期待できることは間違いありません。

■中小オフィスビルでも年間3億円の営業外収益は夢じゃない

ここまでCグレードのオフィスビルの良さをお伝えしてきましたが、では実際に、購入した場合にどのような営業外収益のシミュレーションが可能なのでしょうか？

そもそも、不動産は代表者の求心力や経営ノウハウなどが不要な業態です。

誰がオーナーになっても毎月の賃料は同じで、退去による空室の穴埋めに自信がなければ、不動産管理会社をつけて任せてしまえばいいでしょう。そこに関するノウハウは不動産管理会社が持っていますので、オーナーは本当の意味で〝持っているだけ〟で売上を立ててくれます。このような事業は他にないでしょう。

では実際に、ここでは10億円のCグレードのオフィスビル（中小オフィスビル）を購入したとして考えます。

現在のマーケットとしては平均取得利回りが5％ほどが相場です。ですから、それと同じように考えると、年間の収益は５０００万円になります。

10億円のビルは現金一括で買う必要はありません。金融機関によって自己資金の割合はさまざまですが、第1章でお伝えしたように自己資金の3倍のレバレッジがかけられます（実際はもっといけますが、ここではカタめに見積もって3倍で考えます）ので、３〜4億円の内部留保があれば10億円のビルは購入できてしまうことになります。

そして、それを6件持てば５０００万円×6件で年間3億円の収益が発生する計算になります。

60億円というと大きな金額にはなりますが、内部留保が20億円あれば、3倍のレバレッジで資金を調達できるでしょう。

毎年1フロアずつ買い増していく方法もあり

「さすがにそんな内部留保はない」

「いきなりの投資でその額は勇気がいる」

そんな声もあるかもしれません。

ビル投資はマンション投資と同じように1棟丸々を購入しなければいけないわけではありません。それこそ区分ごと＝1フロアごとに購入していくことも可能ですし、分散投資という側面から決して悪くない考えだと私は思います。

1フロアの場合は20坪で大体8000万円～1億円で購入できます。ここでは切りのいい数字で、1億円で考えます。それを5000万円の内部留保に対し融資を受けて購入したと仮定しましょう。

その場合は、利回り5％で年間500万円の営業外収益になります。

金融機関からの融資のレバレッジは、私の経験則では7倍ほどまで伸ばせたケースもあります。7倍で考えると融資額は3億5000万円になります。1億円の1フロアが3つ買えることになります。これは一気に3フロアを買うのでもいいですし、慎重策を採用するなら1年ごとに買い増ししていくのでもいいでしょう。毎年500万円の営業外収益が発生することになり、3年後には1500万円になっています。

もちろん、ここに「経費」はかかってきますので、1500万円が丸々利益になるわけではありません。これを書かないと嘘になってしまいます。

経費としては固定資産税、都市計画税、ビルメンテナンス費用、管理手数料（不動産管理会社を挟んでいる場合）、火災保険で、融資を受ける場合は金利が乗りますが、賃料全体の大体20％くらいです。

1500万円の営業外収益の場合、利益として1200万円ほどが年間で残る計算になるのです。

借り入れは元本返済なので貯金になる

金利に関しては金融機関や各企業の信用力によって異なります。

幅としては0・5%〜1・6%（長期の融資金利）くらいまでが年利として設定されるのが私の経験では多いです（金融機関の選定に関しては別章で後述します）。

ただ、お伝えしておきたいのは、金利をいつまでも払い続けるような返済スケジュールではない、ということです。むしろ、99%が元本の返済です。つまり、毎年借り入れている額が減っていくので、それに合わせて金利の額も減っていくことになります。

さらに、返済の元手は自己資金ではなくテナント賃料ですから、言い方は悪いですが「他人のお金で自分の借金を返す」という形になります。もちろん、それによってテナントは自社の事業を行えるので、お互いにとってWIN-WINと言えるでしょう。

もちろん、返済が終わればそこからは賃料がフルで入ってくることになります。

返済すればするほど「自分の不動産資産」になるという意味では、将来的に考えて貯金しているのと同じと言えるのです。

売却すれば数千万円のキャピタルゲインを狙える

本書では、基本的にオフィスビルを持ったら、それこそ10〜20年……可能であれば朽ち果てるまで所有していただき、利回りを得て営業外収益の柱としてもらいたいことを大前提としています。

ただ、絶対に持ち続けなければいけないかというと、そんなことはありません。

ビル投資は安定収入が得られるのに加えて、売却益を狙えるメリットがあるのも事実だからです。

先ほどの例で、1棟10億円のオフィスビルを所有している例で話します。

東京都心の主要駅から徒歩10分以内で、ビルは10階建て。基準階面積が20～30坪くらいで、それを利回り5％で回します。

それを4～5年ほど所有して売却すると、何割か上の金額で売れることが多々あります。東京の不動産はこれまで安定的に値段が上がっているので、その期間の間に家賃アップを実行してビルとしての価値が上がり、売却益だけで数億円がプラスされます。

さらに、ここにその間の賃料が乗ってきますので、経費の支払いや返済を行ったとしても、オーナーにとってはプラスの収支になるのです。

■元金返済分が資産となる

▪年間賃料（利回り5%想定）
賃料収入　：500万円/年
借入返済　：440万円/年
維持コスト：100万円/年
ーーーーーーーーーーーーー
年間手残り：-40万円/年

▪20年後のCF
-40万円/年×20年＝-800万円
-800万円＋頭金-2,000万円=-2,800万円

1億円の不動産資産を
2,800万円の支出で築くことが可能。

＊借入条件は、融資額8,000万円、融資期間20年、融資金利1%で計算しております。

1億円の資金があるならオフィスビルを買いなさい

本章では、さまざまな角度から中小オフィスビル投資のメリットをお伝えしてきましたが、結局のところ「数千万円～1億円、もしくはそれ以上の内部留保や資金を持っているならビルを買ってしまうのが一番お得だ」ということです。

最後に、その他のビル所有の方法として「REIT」についてと「相続で得られるメリット」についてお伝えします。

REITを買うのはお得なのか？

REIT（リート）とは、「Real Estate Investment Trust」の略で、平たく言うと不動産投資信託のことです。日本では2001年9月から始まり、「日本版REIT＝J-REIT」とも呼ばれたりしますが、ここではREITで統一して進めます。

投資信託ですから、小口の証券を複数人の出資者を集めることで資金を募り、不動産のオーナーになる仕組みで、出資も一口数千円からと少額なので、気軽に不動産オーナーになって利回りを得る方法として注目を浴びています。

銘柄も、もともとはオフィスビルが主体でしたが、現在では商業施設、物流施設、住宅、ホテル、ヘルスケア施設など、投資銘柄は多様化しています。

ただ、あくまでも本書でお伝えする内容をベースにする前提ではありますが、私としては、ＲＥＩＴはおすすめしません。なぜなら、ＲＥＩＴは不動産と言っても「証券化されたもの」なので、実際の建物を所有するのとは異なるからです。

不動産を現物で持つと税務上、建物の価値は年々失われていきます。要するに「償却」があるのです（もちろん、実際のビルの話ではなく税務上での話です）。

ところが証券の場合はそれがありません。言ってみれば株と同じです。

さらに、不動産（現物）の一番の醍醐味である「担保」としての側面が消えてしまいます。

実際にオフィスビルを持っていたら、それを担保に金融機関から融資を受けることができます。資産形成をする上で、特にオフィスビルは安定して賃料収入を得られる側面が強いので、せっかくのメリットを失ってしまうのです。

もちろん、ＲＥＩＴはそれを担保に借り入れができませんので、レバレッジをかけた融資も得られません。

REITのメリット・デメリット

ただ、REITには2つのメリットが存在することもまた、事実です。

1つは、現金化のスピードが速いことです。証券なので、それこそ株を換金する感覚とスピードで現金化ができます。

もう1つは、小口化されているので少額でも始められる（サラリーマンでもできる）というところです。一口数千円ですので数万円から始めることも可能です。

ただこれに関しては、本書の読者である中小企業経営者からするとそれほどのメリットではないかもしれません。

また、デメリットと言えるかはわかりませんが、そもそもREITを設定している運用元も、仕組みとしては本書でお伝えする内容と同じく金融機関から融資を受けて現物の不動産を購入しています。

全体のうちの不足分を投資家からREITとして集めているのです。

やっていることは変わらないので、それならメインのオーナーになることを選択するほうが私は正しいと考えます。

複数のオーナーが所有者になることで、ビルを運用する上で発生するジャッジを単独で決められないデメリットも存在します。

ＲＥＩＴそのものを否定するわけではありませんが、本書の読者にとってはあまり旨味のない制度だ、ということが言えると思います。

相続でもビル投資は税金を抑えられる

さらに言ってしまうと、ＲＥＩＴ（株も含む）は相続でも変わってきます。

この話はオフィスビルを持つことが相続に有利な話とも絡んでいますので、ここでお伝えしておきましょう。

日本の相続税の税率は、相続する額にもよりますが、10～55％とかなり幅が広いです。しかも、金額ごとに控除額が設定されていて、単純に相続額からそれに該当する税率をかけると算出できる、というものではありません。

ただ、オフィスビル（現物）とＲＥＩＴ（証券）を比較した場合、ここに大きな差が出てきます。

通常、株は「その時点での株価」で相続税が計算されます。

仮に1億円で買ったとしても相続の際に3億円の株価であれば、その価格をもとに税金が算出されるため、相続対策としては不利なのです。

　一方、不動産は買った値段ではなく国税庁が公表している「路線価」で評価されます。

　路線価とは、国税庁が「土地の価格を道路ごとに価格を決めて、毎年発表されるもの」です。東京の場合であれば1億円の物件を3000万円くらいのものとして評価してもらえるのです。

　つまり、不動産は相続の際に資産を2〜3割にまで圧縮できるのです。

■現金・株、1億円の不動産の相続税

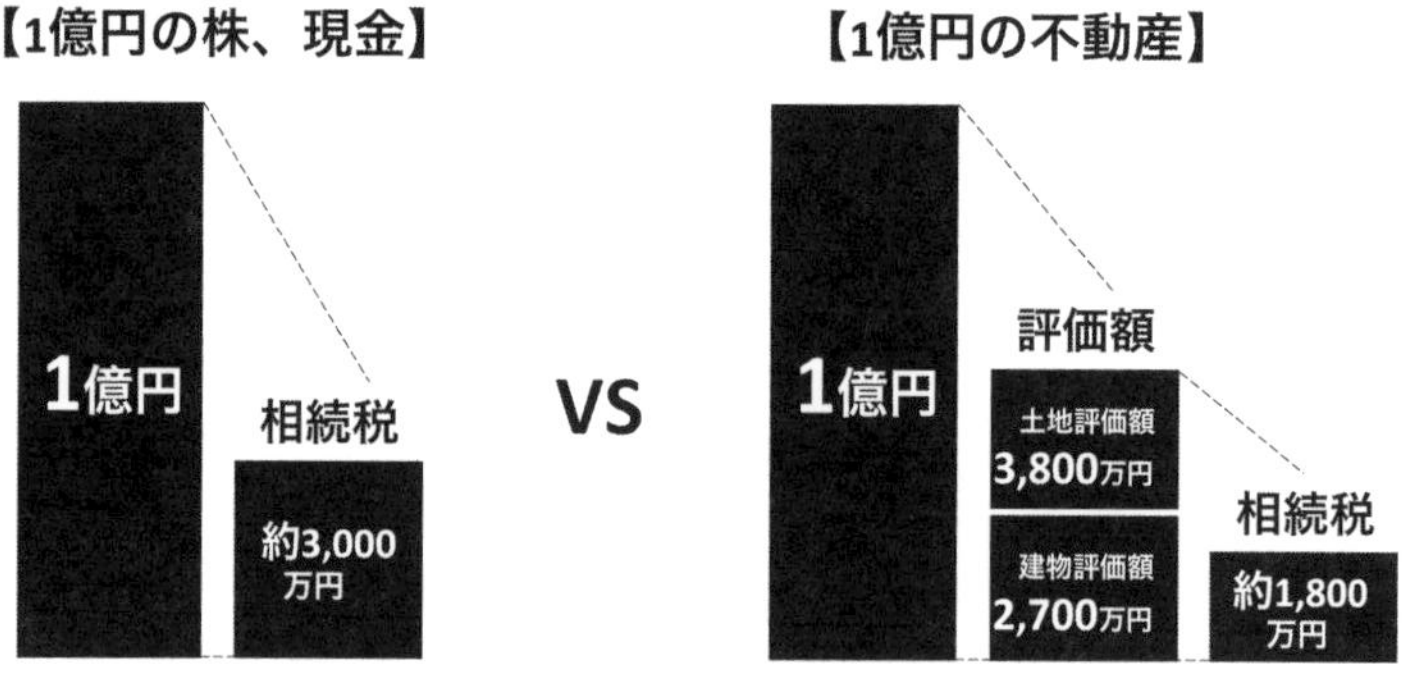

1億円を現金、株で相続が発生した場合と、
不動産で相続の場合では**約1,200万円の節税効果**がある。

＊上記資産のみの相続で、基礎控除等は鑑みず2021年度の税率で計算しております。
不動産の税圧縮効果はあくまで参考値を記載しております。

オフィスビルを「投資」と「相続」の両側面で考えよう

このように解説をしてくると、オフィスビルは「投資」の側面と「相続」の側面の両方でメリットが大きいことがわかってもらえると思います。

仮に1億円という資金があるとして、それを「投資としても使えて、かつ相続対策にもなるもの」か「投資としては使えるが、相続には使えない（使いにくい）もの」かのどちらを資産とするかを考えると、言うまでもなく前者になるでしょう。

これは単に読者であるあなたが購入する際の話にとどまりません。

もしも、資産を売却することになったとしても、新たな買い手がメリットを秤にかけた際に選ばれるのは、やはり前者です。

それは、読者であるあなた自身がメリットを考えたときと同じ思考プロセスです。選択肢が2つあるものと1つしかないものでは、前者のほうが圧倒的に有利なのです。

ですから、もしも資金を持っていて、投資先を考えているなら、ぜひともビル投資を検討してみてください。

もちろん、実際にどのように買えばいいのか、どう運用すべきなのか、といった疑問は、ここまで読み進めた時点ではまだ拭えていないと思います。

それは次章以降で詳細にひも解いていきますので、引き続き読み進めてもらえたらと思います。

［第3章］

初めてのビル購入でも失敗しない方法があった!

本章からは、具体的に投資するための中小オフィスビルを取得するためにはどうすればいいのか、をお伝えしていきます。

何をするにも、まずは優良な中小オフィスビルを取得しなければ始まりません。

全体フローから始まって1つずつ大切なポイントを解説していきますので、階段を上るような気持ちで1ステップずつ読み進めてもらえたらと思います。

■優良な中小オフィスビル取得のための全体フロー

最初に、物件を取得し、安定した営業外収益を得るための全体フローを紹介しておきましょう。大きく分けて9つのステップに分かれています。

［ステップ1］物件の検索

［ステップ2］物件の精査

［ステップ3］物件の深掘り

［ステップ4］現テナントのコンプライアンスチェック

［ステップ5］現地の視察

【ステップ6】金融機関との折衝
【ステップ7】不動産管理会社の選定
【ステップ8】ビルのリニューアル
【ステップ9】運用&（売却）

このうち、1～7までが取得に関すること、8以降が取得をしてからのステップになります。リニューアルや運用に関しては5章全体で詳しくお伝えするとして、本章ではまず1～7までをお伝えしていきます。

■物件は10～15年以上は保有する前提で決める

ステップの詳細をお伝えしていく前に、大前提としてお伝えしておきたいのは、本書は「ビル投資によって安定した営業外収益を企業にもたらす方法」をお伝えするものです。

物件を取得する最初の段階から、大前提として「最低でも10年」は運用するつもりで物件選びをしてください。というより、ずっと持っていてもらいたいのが本音です。

もちろん、売却することで売却益を得るのも1つの方法です。不動産投資の醍醐味の1つとも言えます。

ただ、その場合でも10年くらいのスパンで所有し、買い手にとって「売りに出ないから多少高くても欲しい」と思わせられる状態で売却するほうが、売却益を確実に、かつ大きく得ることができます。

なぜ、最低でも10年なのか？

それは不動産価格の変動が中・長期スパンだからです。

例えば、日経平均の株価だったり、ビットコインをはじめとする暗号通貨の場合、1年の間に上がったり下がったり、という乱高下が激しいです。

これは株以外にも、ＦＸや先物取引といった商材でも同じと言えます。ＦＸなんかは「飛行機に乗って降りたら1000万円損していた」ということがあるくらい乱高下は激しいです。

そのような金融商品に比べて、不動産は中・長期のため、例えば1年で売買価格が跳ね上がることがあまりありません。ほとんどが購入時と同等か少し上乗せされる程度なので乱高下が少ない分、短期で見れば売却益もローリターンです。

長期保有で賃料収入＋売却益をゲットする

また、例えば10年運用した場合、その10年間の間はテナントの賃料収入があることになります。

数字でお伝えすると、1億円の物件を利回り5％で持った場合、1年間の賃料収入は500万円になります。これが10年続けば5000万円になります。

さらに、不動産売買にはどうしても手数料がかかります。買うときと売るときで（仲介手数料・登記費用などを合わせて）トータル約10％というところです。つまり、売却する前提で1億円の物件を買ったということは、実質1億1000万円で買ったのと同じになります。

ですから、売却するときには最低でも1億1000万円で売れる状態にして売らないと売却益が出ません。

例えば、10年間運用して、その間にビルの内外のリフォームや、テナントの賃料をアップしたりして、ビルの価値を1億2000万円にまで上げたとします。仮にその価格で売却できたとして、1000万円が売却益になります。

さらに、先の賃料収入の5000万円が乗ってきて、トータルの営業外収益は6000万円、ということになります。10年間、ビルを持っているだけでこれだけの収益が出るのです。すぐに売却する前提よりは、売却するにしても長期で持たない手はありません。

売却益は「賃料収入の先取り」に過ぎない

また、これからオーナーになる読者に覚えておいてもらいたいのは、売却益は「あくまで賃料収入数年分の先取りに過ぎない」ということです。

経費や手数料などを一旦外して考えますが、1億円の物件が1億2000円で売れたとして、売却益が2000万円だったとします。

その物件の利回りがもしも5％の場合、年間の収益が500万円ですから、4年分になります。売却益の2000万円は「4年分賃料収入」を先取りしたに過ぎない、と考えることができるのです。

もちろん、これはオーナーの判断なので保有し続けるか売却するかはおまかせになりますが、私個人の考え方では朽ち果てるまで持っているのがおすすめです（コンクリートのビルが朽ち果てることはまずないと思いますが）。

第2章でもお伝えした通り、不動産を持つことは「売却できる資産を持つこと」でもあるので、「いざ売るべきとき」が来るまでは10～15年と言わず、20年でも30年でも持ち続けてもらいたいと思います。

一番のリスクは「次に欲しい物件が出ないこと」

もう1つ、大事なリスクヘッジとしてここでお伝えしておくと、一番のポイントは「売ったあとに『また買いたい』と思える物件が出る保証がない」ということです。

売却益が出ても、そのお金はただのお金なので勝手に増えることはありません。

貯金はむしろ〝減るもの〟で、口座内にある額面上の数字は変わらなくても物価の変動でモノの価値が上がることで、お金そのものの価値が下がっていきます。

昔はコーヒー1杯が100円くらいだったのが、現在ではカフェで400円くらいします。これは物価が上がり、貨幣価値が下がった証拠です。投資に回すことでお金は動くのです。

ですから、大前提は長く保有し、運用していくことであり、売却するにしても長期スパンで考えることが大事です。

そして、売却する場合は、次の物件が出てくるまで待てそうな3～5年の賃料収入が確保できる段階までは、最低でも保有していただきたいと思います。

■取得するべきは新築よりも「築20年以上」のビル

もう1つ、本題に入る前にお伝えしておかなければいけないのは、本書で解説していくビルは新築ではなく、「築20年以上の中小オフィスビル」ということです。

第2章でお伝えした通り、おすすめなのはインテリジェント・ビルではなく、基準階面積200坪以下――特に100坪以下の「Cグレード以下」の中小オフィスビルです。

まとめると「築20年以上のCグレード以下のビル」がおすすめです。

むしろ、新築は絶対にやめたほうがいいです。

これは住宅系でも同じなのですが、現在、不動産の業界では建築コストが高止まりしています。

つまり、新築はそもそもからして高いのです。

そんな高い物件を賃貸で運用していくわけですから、必然的に家賃は高く設定されてしまいます。東京都心の主要駅周辺のインテリジェント・ビルの賃料が、最低でも坪単価4万円はするのはそのためです。

そして、さらに興味深い話として、賃料は新築をピークに年を経るごとにだんだんと下がっていく傾向にあります。もちろん、すべての物件がそうだとは言いませんが、傾向として強く、底を打つのが大体15~20年だと言われています。

つまり、築20年以上のCグレードのビルは最低ラインの賃料で運用されているものが多いことになります。

加えて、ここに「供給量」の問題があります。

住宅系の場合は賃料が底をついても、常に供給され続けているので店子に引っ越されるくらいなら賃料据え置きで現状維持をしようとオーナーは考えますが、中小オフィスビルの場合は解体と供給のバランスがプラマイゼロに近いので「ほぼ供給されていない」と言えます。

そうなると、必然的に賃料アップ交渉がしやすくなります。

さらに移転の場合、テナントに移転コストがかかってしまいますので、「移転するくらいなら賃料アップに応じよう」という姿勢を取ってもらえ安くなるのです。

賃料アップが実現できれば、営業外収益の底上げが可能になります。

これらのことを鑑みると、やはり、最低ラインの賃料からスタートできる築20年以上のＢグレードのビルがおすすめです。

他にも取得の際にポイントとなることはたくさんありますが、それは実際のステップのときに解説していきましょう。

■優良な中小オフィスビル取得のための９ステップ（１～７）

前置きが長くなってしまいましたが、それでは、実際に中小オフィスビルを取得するための手順を解説していきましょう。

【ステップ1】物件の検索

最初にするのは「物件の検索」です。

何はなくても買うものがないと取得の話には進みません。

検索をするときに一番ネックになるのが「立地」だと思います。

飲食店や物販店を問わず、どんな業態でもそうですが立地がいいところには人が集まりやすいです。これはオフィスビルでも同じで、駅から徒歩何十分もかかるようなところよりは、駅チカの、徒歩5〜10分圏内で探しましょう。物件の検索にはインターネット・サイトの「K」か、スマートフォン・アプリの「R」がおすすめです。

都内主要5区を網羅できるように検索する

条件設定としては東京都内を中心に主要5区「新宿区」「千代田区」「港区」「渋谷区」「中央区」が比較的立地のいいビルになります。

沿線で言えば「JR山手線一周の各駅（内回り＝左回りで大崎～五反田までの29駅）」「東京メトロ銀座線の全駅（渋谷～浅草までの19駅）」「都営地下鉄大江戸線の都庁前～東中野の間（4駅）」で、これらを調べれば主要5区を縦・横・斜めで包括でき、都内の立地のいいところを網羅できます。

この中で、価格的には先述の築20年以上の物件を考えるとすると、ビル1棟で考えると、ボトムラインで5億円前後から始まり、アッパーラインで20億円くらいになります。

もちろん、読者それぞれの資金があると思いますので、1フロアから始めていくのもいいと思いますが、金融機関からの融資可能額を推測しながら、まずは自己資金を「全体の3割」と想定して調べてみてください。

朝・昼・晩にサイトを見る習慣をつけよう

仕事やプライベートを問わず、引っ越しのために不動産検索サイトを一度でも見たことがある人ならわかると思いますが、どれだけ検索をかけても、望む物件が一度で出るとは限りません。

逆に、一度の検索で見つかったとしても、少し時間を置くとそれ以上の物件が見つかることもあるでしょう。

物件は、いつ更新されるかわかりません。またスピード勝負で、知らないうちにいい物件が他の希望者に取られてしまうこともあります。

ですから、検索をスタートさせたら、常にサイトを見に行くくらいの姿勢で臨んでください。できれば朝・昼・晩の1日3回はアクセスして、自分の希望する物件の更新がないかをチェックするのです。


最初は検索も慣れないので時間がかかるかもしれませんが、毎日の習慣として身についてしまえば、通勤時間の1回5分くらいに短縮できるようになってきます。希望する物件のタイプに変更があったり、狙い目のエリアをわかるようになってくるでしょう。

私の場合は暇さえあればサイトを見て、新鮮な情報を取りこぼさないよう目を光らせていますが、経験談として、1回5分の習慣化で、4ヶ月ほどで優良物件を見つけられたことがあります。

「継続は力なり」と言いますが、投資用ビル探しにおいても、これは当てはまると思っています。

【ステップ2】物件の精査

売りに出されている物件で、ある程度の候補が上がってきたら（リストアップができたら）、次は必要書類を取り寄せて物件を精査していきます。

取り寄せる資料は「賃貸借契約書」と「修繕履歴の書類」です。

これは基本的に現オーナーから直接取り寄せる形になります。もちろん、現状は読者にとっては〝第三者の契約書類〟になりますので、提示してもらう際には守秘義務を結ぶ必要があります。ただ、現オーナーが管理を不動産管理会社に任せている場合もありますので、その場合は当該不動産管理会社に購入を検討している旨を伝え、守秘義務を守ることを約束すれば出してもらえます。

また、修繕履歴の書類は賃貸借契約書に比べて取得難易度は低いと言えます。

賃貸借契約書と修繕履歴で見るべきポイントは次の3つです。

・築年数
・メンテナンス履歴
・テナント賃料の水準

築年数については、すでにお伝えした通り、築20年以上のものかどうかをチェックします。

メンテナンス履歴は、それまでの所有の間にどんなメンテナンスを行っているか（屋上防水やエレベーター、外壁など）をチェックします。

テナントの賃料水準は、例えば10階建てのビル1棟であれば各階がいくらで設定されていて、どのくらいの利回りを実現しているのかをチェックします。

不動産管理会社へは「欲しい物件」が決まってから足を運ぶ

ここで1つ注意点です。

不動産管理会社（不動産屋）へ足を運ぶタイミングは「欲しい物件」がある程度決まってからにしてください。

次のステップで「物件の深掘り」をしていきますが、その際に家賃の相場感や現地のリサーチを行います。実際に現地に足を運んでみたいくらいにまで欲しい物件が絞れてきた段階で行くのです。

もしも「なんとなく欲しい」くらいで足を運んでしまうと、オーナーとしてあまりほしくない物件を勧められたり、〝不動産管理会社がおすすめしたい物件〟を勧められてしまうことがあります。

不動産会社がどの立場から物件を扱っているかをチェックする

もう1つ、実際に不動産会社へ足を運んで資料を見せてもらう際に、気をつけてもらいたいポイントがあります。

それが「どの立場から物件を扱っているか」です。

不動産会社によっては、自社製品を抱えているところも存在します。仲介業とともに自社でも物件を所有しているのです。当然、自社の利益のために優先的に自社製品を提案したくなるのは想像に難くないでしょう。

これは「物件概要書」を見ることでチェックできます。

物件概要書の隅には「取引態様」という項目があります。その不動産管理会社が当該物件をどの立場から扱っているかを明示する義務があるのです。

取引態様には「売主」「代理」「媒介」の3つがあります。

このうち、選ぶべきは「媒介」です。媒介とは「仲介」のことです。

「売主」であれば、まさに所有している自社商品を販売している立場になりますし、「代理」の場合でも避けてください。

これは仕組みの問題で、「代理」の場合、不動産会社は現オーナーの代理人として仲介業を行います。もしも、読者側も不動産会社を挟んでいた場合、現オーナーは〝売り主側と買い主側＝読者の両方〟の不動産管理会社に手数料を支払わなければいけなくなります。

つまり、手数料コストが2倍になるのです。

その分、売買価格に上乗せする形で価格設定をしている可能性が非常に高いため、買い主側も余計なコストの乗せられた物件を買うことになりかねません。

私としては、できるだけ物件に対して「中立な立場」でオーナーへ提案できる不動理会社がいいと考えています。

ですから、選ぶべき取引対応は「仲介」です。

特に、仲介に特化した不動産会社のほうが、より中立な立場で意見を聞くことができます。

不動産会社は「ネット以外」の物件も抱えている

昔の物件探しは、各不動産会社がそれぞれに物件情報を抱えていたため、どこに足を運ぶかによって、どんな物件が出て来るかは予想できませんでした。

インターネットが発達し、ネットで検索ができるようになると、サイト上に掲載される物件情報はある程度共有されるようになっていきました。「現地の不動産会社だけが抱えている物件はほとんどなくなった」と言われるようになった話を、あなたも聞いたことがあるかもしれません。

ですが私は、実際に不動産会社へ足を運ぶことをおすすめします。

なぜなら、それでも〝サイトには掲載されていない物件情報〟が存在しているからです。行くべきは、当たりをつけたビルやエリア周辺の不動産会社です。

大手であれば恐らく支店がありますので、そこを攻めます。もしくは、街の不動産屋でも、1店舗しかないけどその地で長くやっているような地場の不動産会社です。規模が大きくなくても構いません。

【ステップ3】物件の深掘り

物件の精査とともに「物件の深掘り」も行っていきましょう。

賃貸借契約書をもとに、現テナントの賃料が、その周辺エリアの賃料のアッパー（上限）とボトム（下限）で平均値を取ったときに、どの位置にあるかを把握するのです。

基本的に、絶対におすすめなのは「周辺よりも割安に設定されている物件」です。

これはとても重要で「割安に設定されている」ということは、読者が新オーナーになってから賃料をアップさせられる振り幅が大きいことになります。

例えば、1億円の1フロアが、売りに出されている時点で利回りが5％だとして年間の営業外収益は500万円になります。もしそこから家賃を10％上げられたとすると、550万円になって利回りも5・5％になります。さらに賃料アップができれば、利回りは6％、7％と上げていくこともできます。

必然的にビルとしての価値も上がります。仮に売却する場合でも、買ったときよりも高い金額を設定することも可能になるのです。

賃料水準はテナントの想定でヒアリングする

テナントの賃料水準をチェックしたいときは、可能であればオーナー候補者ではなく、実際にテナントを借りようと思っている当事者を装ってください。

テナント側の立場から「この辺でオフィスを借りようと思っているんですけど、家賃はどのくらいですか?」とヒアリングをし、データを貯めた上で自分が買おうと思っているビルの精査に活用したり、購入後のビルの家賃設定に活用するのです。

そして、できれば実際に地図を買い、周辺のオフィスビルの賃料相場を調べたデータをマッピングしてください。これは実際の運用だけでなく、金融機関から融資を受ける際にも役立ちます。

もちろん、賃料水準もサイトで調べることができます。

ただこれも、サイトには出ていないものもありますので、ネットの情報だけを信じず、よりリサーチする対象を1軒でも増やすつもりで足を運んでください。

すると、多くの引き出しが出てくる可能性が高いです。

比較物件は自分の購入予定物件に近いもので考える

他にも、深掘りする場合の比較材料としては「平米数」があります。

先述の例で、1フロア1億円の10階建て（基準階面積が20坪）のビルを購入しようとしているとして、1棟で10億円だとします。その場合は同様の20〜40坪くらいの物件でリサーチをかけます。

自分が検討している物件に近い条件でリサーチするのです。

平米数に加えて、立地はとても重要なので、最寄り駅からの距離、築年数、構造も比較対象になります。構造がＲＣ（鉄筋コンクリート造）の物件なら、同じようなＲＣやＳＲＣ（鉄骨鉄筋コンクリート造）で比較します。

築年数の古い物件は「耐震基準」を見るのが重要

さらに、ビルを深掘りする際に検討しなければいけないのが「耐震基準」です。

日本は「地震大国」と言われるくらい地震が多い国です。

国土は世界の0・3％しか占めていないにもかかわらず、マグニチュード6以上の地震の発生率は全世界の20％です。

古くは1923年9月1日の関東大震災（マグニチュード7・9）、記憶に新しいところでは1995年1月17日の阪神・淡路大震災（マグニチュード7・3）、2011年3月11日の東日本大震災（マグニチュード9）、2016年4月14日の熊本地震（マグニチュード6・5）など、震災クラスの地震がこの100年間で何度も起きています。

特に阪神・淡路大震災では木造建築以外にも数々のマンションや、国道43号線の上空を走っている阪神高速3号神戸線の一部が倒壊したこともあって、耐震改修促進法が制定され、2000年には建築基準法が改正されました。

「新耐震基準」そのものは1981年の建築基準法の大改正「新耐震設計基準」からスタート

していますが、2000年以降も2004年10月23日の新潟県中越地震（マグニチュード6・8）から2年後の2006年1月には「改正耐震改修促進法」が公布されるなど、耐震基準は年々厳しいものになっています。

賃料水準を考えるときに、耐震基準は大きな要因を占めています。

ですから、できれば「新耐震基準」を満たしている物件を選びましょう。

ただ、1つ念を押しておきたいのは「旧耐震のビルだからダメ」というわけではないことです。

もちろん、そもそもテナントとして入る企業にとっては地震が来ても安心できるビルのほうが人間心理としてジャッジしやすいのは当たり前ですし、金融機関に融資をお願いする際も評価は上がります。

それでも、旧耐震のビルに耐震補強をして東日本大震災を乗り越えたビルが多数あります（当時、東京は震度5強でした）。東日本大震災の余波で、東京都内に倒壊したビルはないのです。

そういうビルは候補に入ります。

物件を深掘りする際は、新耐震基準をベースに、旧耐震のビルでも耐震補強をしてあるかどうかで選んでください。

【ステップ4】テナントのコンプライアンスチェック

精査していくのは物件だけではありません。

そのビルに入っている「テナントのコンプライアンスチェック」もしていきます。

これはシンプルに、現在入居しているテナントの社名をリストアップして、帝国データバンクや商工リサーチなどの「信用調査会社」から情報を引き出します。

オフィスビルの場合、最初に「保証金」として6~12ヶ月分の家賃をお預かりすることが多いです。そういう意味で入り口でのリスクヘッジはできるのですが、オーナー側としてはできるだけ長く居続けてもらいたいでしょう。そう考えると、実際のそのテナントの財布事情も気になるところです。

信用調査会社を通して手に入れるのは、直近3期分の「売上」「経常利益」「純利益」「バランスシート」「損益計算書」です。向こう5年間にかかる家賃も含めた会社の経費を払い続けられるだけの体力があるテナントかどうかを見極めましょう。

ただし、これは信用調査会社の調査を受けている企業のみになります。会社によっては調査を断っているところもあるのです。

そのような調べきれないテナントの場合はホームページを検索して、実態のある会社かどうか、資本金や何年くらい継続している企業か、といったことを調べます。

逆に言うと、信用調査会社に情報がある会社は1つの参考にもなります。

B to Bでビジネスをしている企業や、サービス業や飲食業などのキャッシュポイントはB to Cでも内部の取引先としてB to B取引を行っているような企業であれば、取引を始める際に相手側が「しっかりした会社かどうか」を知りたいと希望する場合が多くあります。

そういうときのために信用調査会社の調査を受け入れている場合が多く、情報を開示できるところは〝比較的安全〟と考えることができます。

公序良俗に反するテナントが一社でもいると融資で不利になる

お財布事情以外にもチェックしなければいけないのが、公序良俗に反する組織ではないか、という点です。

平たく言ってしまえば「違法風俗店」や「反社会的組織」です。

このようなテナントが入っているビルの場合、購入に際して金融機関から融資を受けられない可能性が非常に高いです（反社会的組織については、別章で解説します）。

私の実例では、いい物件だと思ってテナントを調査したところ、違法マッサージ店（違法風俗）が入っていたことが過去にありました。他にも、海賊版のアダルトDVDを販売する会社が入っていたこともあります。

また、右記の2つとは異なりますが、業態転換を何度も行っているようなテナントも注意が必要でしょう。

本業がまっとうな仕事で資金が潤沢である場合、業態転換をするメリットがありません。むしろ、デメリットの方が大きく、業態転換によって社会的信用を失うリスクがあります。

そう考えると、業態転換が多い企業は信用力の面で乏しい企業である可能性が高いです。儲かっていないか、何かしらの業態を変えなければいけない事情があるのです。

テナントのコンプラチェックには「オーナー自身の目」と「外部（信用調査会社など）の目」の2つの目が必要です。探偵ごっこの要領で必ず行ってください。

【ステップ5】現地の視察

書類でのチェックが終わったら、現地の視察に向かいましょう。

先述の公序良俗に反するテナントが入っているような場合は、実際に現地を見に行けば一発でわかります。また、耐震工事が施されているかどうかも、現地で確認することができます。

現地視察は、ここまでのステップのどこかで行っても構いません。

こういったことに問題がない場合、見るべきは周辺の人の流れです。

本書でお伝えする投資物件は、あくまでもオフィスビルです。一般企業が日中～夜にかけて利用するためのものですから、平日の明るいうちに見に行くのです。

ランチタイムであれば当該ビルや、周辺のビルからオフィスワーカーが出てくる様子が見られるでしょう。できるだけ労働人口の多いところかどうかを視察してください。「労働人口が多い＝テナントニーズが高い」ということです。

「屋上防水」「エレベーター」「外壁」は必ず目視で確認する

投資用物件として長く保有し、運用するのであれば、購入したあとの費用負担ができるだけ少ないほうがいいのは当然のことと思います。

その観点でビルそのものをチェックする場合、見るべきは「屋上防水」「エレベーター」「外壁」の3つです。この3つはマストです。

まず屋上ですが、基本的にビルの屋上はウレタン防水やシート防水やアスファルト防水などの工事が施されています。

ですが、この対応年数は10～25年で、築20年以上のビルの購入を考えるときは、きちんと過去にメンテナンスが成されてきているかどうかを確認する必要があります。

また、防水の面で言えば窓枠のパッキンも重要で、修繕具合によっては雨水が横からビル内に侵入してしまいます。

屋上加工もパッキンも剥がれていた場合は水漏れの可能性が購入して間もなく発生するケースもあり、その際は新オーナーの費用負担になってしまいます。

次にエレベーターですが、屋上防水と同じく、エレベーターも部品交換による性能の維持をメンテナンスで行っていたとしても、耐用年数は約20年ほどです。ちょうどリニューアルを検討しなければいけない時期に差しかかってきます。

リフトをけん引するワイヤーがきちんと点検されているか、直近で新しいものに入れ替えられているか、といったところをチェックしましょう。

最後に外壁ですが、これは「外観が美しいかより」も保守点検の側面で見てください。

例えば、外壁のコンクリートにひび割れがあったり、タイルが剥がれているところが多数あると、この先もひび割れが広がったり、タイルが落ちて通行人にケガをさせてしまう可能性が出てきます。

現地視察は第三者を同行させるのが安全

このような現地視察は、1人で行くのでもいいですが、できれば第三者＝不動産管理会社を同行させて行くのがおすすめです。プロとしての意見を参考にできるからです。

もちろん、自分ですべてできるのであれば構いません。ただ、ビルには部外者が入っていい場所といけない場所があります。

例えば、エントランスであれば共有部分なので入ることが許されます。エレベーターも通常の利用であれば許されるでしょう。

一方で、屋上は鍵がかかっていて、許可をもらって鍵を預かるか、鍵を持っている人間が同行しなければいけないこともあります。また、占有部＝実際のテナントのオフィスがエレベーターから出てすぐのところにあるようなビルだと、1人で行くと驚かれてしまいます。

屋上の防水加工に関しても、その状態でなされているのかどうかを判断するには、やはりプロの目が必要になるでしょう。

より安全・確実に視察するためにも、第三者を同行させるのがおすすめです。

【ステップ6】金融機関との折衝

さまざまなチェックを行って、いよいよ物件を購入する意思が固まったら、金融機関に融資をお願いする段になります。

中小企業であれば、すでに取引のある金融機関が存在していると思うので、まずはそこから話を持って行ってみるのがいいでしょう。

金融機関へは「物件概要書」「賃貸借契約書」「修繕履歴」「修繕計画（物件による）」「近隣賃料相場（リサーチしたものをマッピングしたもの）」「謄本」「図面関係」と「レントロール」or「収支計画書」を添付し、金融機関へ送ります（メールで構いません）。

そして購入意思を明確にお伝えします（融資が下りなくても現金で）。

さらに、購入する読者の属性を示す資料として3期分の会社の「確定申告書」と「決算書」を用意し、無茶な投資をしようとしているわけではないことをアピールします。

その他、金融機関は基本的に〝保守的〟なので、攻めよりは「守りの不動産投資」の気持ちで必要書類を揃えてください（金融機関については別章で解説します）。

ただこのうち、最近では金融機関サイドでも外注業者に頼んで物件の鑑定評価や近隣相場を調べさせることが増えています。そのため「なければ大丈夫です」と言ってもらえる可能性もあります。ただしその場合、金融機関によっては現地調査費用を求められることもあることを想定内にしておきましょう。費用は5万円くらいです。良心的なところだと、融資が実行できなかったら費用がからないところもあります。これは実際に私の事例としても過去にありました。

金融機関は複数行あたるつもりで考える

金融機関によっては、融資条件にバラつきがあります。

より良い条件で融資をしてもらうためにも、複数行にあたるつもりでいましょう。多い人は10行くらいあたる人もいるくらいです。

第2章で融資における金利水準は0・5%~1・6%くらいの幅だとお伝えしました。金利は、メガバンクだと最も低くなる傾向が強く、逆に地方銀行（地銀）や信用金庫（信金）だと高くなる傾向にあります。そういう意味で、幅があるのです。

ただ、中小企業であればなかなかメガバンクとの付き合いは難しいと思います。

ですので、恐らく融資のGOサインを出してくれるのは地銀か信金になりますが、彼らは金利以外の部分でがんばってくれる可能性があります。例えば、メガバンクよりも返済期間を長く設定してくれることもあります。

不動産取得では金融機関の融資が最も重要です。「金利は0・6％だけど10年しか貸せません」よりは「金利は1・2％だけど25年の長期で貸します」という金融機関を選ぶべきです。

また、金融機関の特色は都度、変化します。

支店ごとでも変わりますし、担当者でも変わります。しっかり動いてくれるキーマンを担当者として捕まえられるかどうかは、足で稼いでいかなければいけない部分ですので、複数行あたるのは必要なのです。

ここはしんどいですが、がんばりましょう。

ちなみに、私が今「やる気がある」と思うのはH銀行S支店です。

ただ、これも本書を執筆している時点での話で都度、変わります。専門家に問い合わせるのがおすすめです。

【ステップ7】不動産管理会社の選定

長くなりましたが、いよいよ本章の最後です。

金融機関への打診と並行して不動産管理会社の選定も行いましょう。

物件の引き渡し後のオペレーションをうまく進めるために、不動産販売よりも「管理」に強い会社をチョイスしておくのです。

ビル管理は管理のプロに任せるのがベスト

読者自身が新オーナーとしてビルの運営を行っていくのももちろんいいのですが、あなたにはあくまでも「本業の経営」という仕事があるはずです。

その割合を減らさず本業に集中するためにも、管理は管理のプロに任せるべきです。そういう意味で私は、不動産管理会社の選定はＭＵＳＴと考えます。

別章でお伝えしますが、ビル管理は面倒な部分が多いです。

例えば、引き渡しを受けて最初にするのが、オーナー変更や家賃振込先の変更をテナントへ通知することです。いわゆる〝事務作業〟です。そういう細々したものは経営者にとっては面倒なので、本業と同じく事務は事務局に任せるべきです。

また、運用していく過程で必要に応じて賃上げの交渉もあると思います（逆に、テナント側からの賃下げ交渉もあります）が、それも不動産管理会社であれば代行してくれます。

そういう意味で賃上げ交渉の上手な不動産管理会社をブッキングしてオーナーチェンジを進め

ていけば、新オーナーはそれこそ〟持っているだけ〟で営業外収益を得られるようになれるのです。

選ぶポイントは「実績とネットワークとコミュニケーション」

実際に不動産管理会社を選ぶ際には、３つの条件があります。それは「賃料アップの実績」と「空室を埋めるネットワーク」と「素早く的確なコミュニケーション」です。

まず、賃料アップに関しては、過去に賃料を上げている実績があるかどうかで検討します。「ある」場合は、実際に過去にいくらの賃料をいくらにアップさせたのか、どのくらいの件数でそれを実現したのか、です。

すでにお伝えした通り、周辺家賃よりも割安になっている物件を選んで買う以上、後々、賃料アップをして収益の幅を増やしていくことが目的の1つになります。

タイミングは別にしても、上げていくことが目的なら、その

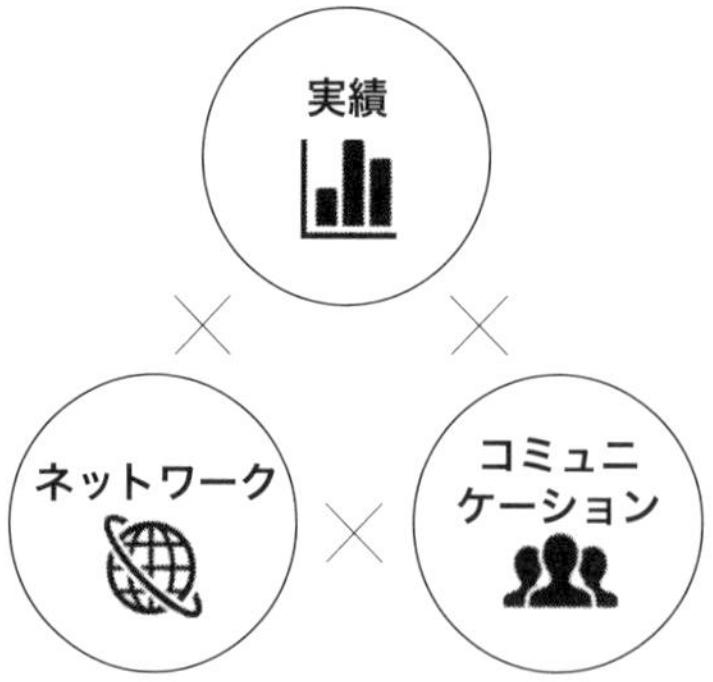

実現の確率を上げやすい不動産管理会社を選ぶのは当然です。

次に、ネットワークに関しては、実際に空室が発生した際に、過去にどれくらいの期間でそれを埋めた実績があるか、です。「ある」場合は、管理しているビルの平均の空室期間を聞いてみるといいでしょう。

可能であれば1～2ヶ月で次のテナントを見つけてきて埋めてくれるところが理想です。オーナーとしても安心して任せられるでしょう。

逆に「平均は6ヶ月くらいです」と答えるようでは、そこは「空室を埋めるためのネットワーク＝テナントの人脈」をほとんど持っていないと判断することができます。

そして、前の2つに付随するのが基本的なコミュニケーションです。

一般のビジネスとして当たり前の「連絡してからのレスポンスが早い」「的確なキャッチボールができる」など、コミュニケーション能力がきちんと備わっている不動産管理会社を選んでください。

担当となる人物が、たとえ新人であっても肩書を持っている人であっても、結局はオーナーの希望を迅速に対応できるかどうかは「会社の仕組み」よりも「人」に重点が置かれると思います。新人でも社内共有が迅速であれば、対応スピードは良かったりします。結局は「その人が使えるか」なのです。

理想を言えば、この3つの条件を兼ね備えている不動産管理会社を選定することです。そのため金融機関と同じく、これも複数社を検討することをおすすめします。

さて、ここまでで一旦はオフィスビル購入のステップは終わりです。

この先は、自分のものとなった物件をリノベーションしたり、実際に運用の中で起きるリスクのマネジメントや、空室率をできるだけ0に抑える方法、管理しているときに起きやすいトラブルなどが考えられますが、それらはそれぞれ別の章で解説していきます。

まずはここまでの内容を踏まえて、オフィスビルの検討を始めてみてください。

［第4章］

中小オフィスビル購入を成功へ導くリスク・マネジメント

前章では「優良な中小オフィスビル取得のための全体フロー」の1~9のステップのうち、1~7の情報収集~取得までのプロセスをお伝えしました。

ここから先は、ビルのリニューアル(リノベーション)や運用の話になっていくのですが、それは5章に譲ることにして、実際に取得するまでの間に起きるさまざまな事柄をリスク・マネジメントの側面からお伝えしていきたいと思います。

第3章の内容と併せて踏まえておいてもらうと、優良な中小オフィスビルの取得成功にまた一歩、近づくことができるでしょう。

■「好立地」とは2つの需要を満たしているところ

第3章で軽く触れましたが、オフィスビルを取得するなら何よりも立地が重要です。

立地さえ良ければお客様が安定的に訪れるように、立地のいいオフィスビルはテナントとして入る企業の従業員たちにとって使い勝手がいいため、空室になりづらかったり、仮に空室になって

■ビル購入のリスク、対策案

リスク	具体的な対策
空室リスク	長期的に需要が見込める立地の物件を選ぶということと、入居者募集業務に強い賃貸管理会社を選定
家賃下落リスク	賃料水準の実績が把握出来て、家賃下落幅が抑えられている築20年〜30年あたりの物件を選ぶ
不動産価値下落リスク	賃貸需要が長期的に見込めるエリアなのか確認することと、物件周辺の開発状況、取引実績を確認する
家賃滞納リスク	信頼のできる賃貸管理会社の選定
天災リスク	火災、地震保険へ加入することと、地盤の強い地域を選ぶ

も埋まりやすかったりします。

では、実際に物件を選ぶ際に「立地がいい」とは何を満たしていることなのか？

それは「賃貸と売買の2つの側面で需要を満たしているか」です。

需要には「賃貸＝テナント需要」と「売買＝オーナー需要」があります。

テナント需要としては、最寄り駅からの距離が近く、家賃も比較的安く、中の占有スペースが自社にふさわしく……といった「借りたくなる物件」の条件にリノベーションなどの話も絡んできますので詳細は別章でお伝えするとして、ここではオーナー需要で考えてみましょう。

物件は利回りだけを見て選んではいけない

オーナー需要として売買を考える際、ポイントの1つになるのが利回りです。

利回りがいい物件＝安定した営業外収益を得やすい物件なので、あなたはオーナーとして取得する際も、もしくは売却する際に新オーナーとなる人が選ぶ際にも需要の大きなポイントになることがわかると思います。

ただ、注意していただきたいのは「利回りだけでは考えない」ということです。

もちろん、利回りがいいほうが収益も増えるので、ついついパーセンテージだけで利回りを考えてしまいがちです。

ですが、私から言わせれば「利回りだけで不動産投資が成功するのであれば、小学生でも成功できる」ということになります。当然、かなり難しいでしょう。

物件を選ぶときに書かれている利回りは、あくまでも〝瞬間最大風速〟で考えるべきです。どんな物件であっても長期的には変動する可能性を秘めています。現状の利回りではなく「ポテンシャル」に注目すべきなのです。

現状の利回りが仮に3％であっても、物件精査の際に周辺の賃料に比べて割安な場合は保有してから賃料アップ交渉によって利回りが増えていく可能性は高くなります。

逆に、現状は8％の利回りを誇っていても、周辺相場よりも2倍近く高いとしたら半分の4％くらいにまで下がるリスクを抱えていることになります。

物件を見るときは単に利回りだけではなく、比較した上でお得な物件かどうかをスクリーニングする必要があります。それがあなた自身、そして売却するときの新オーナー需要としての好立地物件を獲得するコツになります。

空室があるからと言ってダメな物件とは限らない

利回りとともに、注意しておくべきなのは「空室率」です。

ビル1棟の購入を考えるとします。その際に選択肢として、10テナントが入れるフロアがあるとして、「現在、満室で利回りが6％」の物件Aと「現在、半分が空室で利回り3％」の物件Bがあるとしましょう。

空室率だけで考えると、間違いなく物件Aのほうが良さそうに見えます。

ですが、本書でお伝えしているように、「周辺の家賃相場と比較して割安な物件」を手に入れていく場合は、話は少し変わってきます。

物件Bの利回り3％が実は周辺よりも割安な場合、賃料を上げてテナント募集をかけたとしても集まってくる可能性はとても高いです。私の経験では、こういうビルが実は利回り8％ほどでも回る物件であることがよくあります。

逆に、何かの際に下げることを検討する場合でも、割安な物件Bは都合がいいです。

物件保有期間中に起きる可能性のあるリスク・イベント（例えば、リーマンショックや新型コロナウィルスのパンデミックなど）があってテナントが抜けそうになった場合、一時的な賃下げを行うことでテナント抜けを回避する余裕を持っている、と考えることもできるからです。

もちろん、安易に賃下げはすべきではないですが、抜けられるよりはずっとマシです。割安な物件Bであれば、そもそも購入時点では賃料が割安だったため、賃料を上げてからのコントロールもしやすいのです。

このように考えると、物件Aの満室で利回り6％というのは、そこから賃料を上げていく交渉ももちろんできますが、物件Bという割安なオフィスビルを手に入れて、オーナー自身で手を入れていくほうが将来性は高くなります。

オフィスビルは手に入れて終わりではありません。むしろそこがスタートで、オーナー自身の采配で賃料収入をコントロールしていけることが醍醐味の1つです。

ガチガチで動かせない物件より、割安で弾力的な運用をしていける物件のほうが、オーナー需要も高くなるのです。

■不測の事態は「起こるもの」として考える

■賃上げで利回り上昇具体例

賃料増額交渉前		賃料増額交渉後
賃料：9,000円/坪	▶	賃料：11,000円/坪
利回り：4.38％		利回り：5.35％

「利回り」と「空室率」に絡む話として、「不測の事態」もあらゆる投資対象に関わってきますので、ここでお伝えします。

2009年のリーマンショック、2011年の東日本大震災、2020年からのパンデミックなどの不測の事態は、人間には予想することができません。地震に加えて台風による水害も日本にはあります。「不測の事態があるから不動産は持ちづらい」

確かに、このように考えてしまう側面もあるでしょう。ですが、すでにお伝えした通り、不動産は「売却できる資産」として不測の事態に〝お金〟を確保する手段です。

そう考えると、不動産を持たない選択よりは、むしろ不測の事態は「起こりえるもの」として、その対策のための不動産投資を考えたほうがいいと私は考えます。

そして、不測の事態があったときでも戦えるのが「好立地エリア」にあるビルなのです。はっきりと言ってしまえば、東京都心の主要5区内の最寄り駅から近いオフィスビルです。

地方は「支店」、東京は「本社」を置く企業がほとんど

例えば、業績悪化や不測の時代などの「リスク・イベント」が起きたときのことを考えてみましょう。

複数の支社を持つ企業（本社所在地は東京）は、収益が良くない支社から撤退を始めます。そ

して、最終的に残るのは東京都心の「本社」です。

企業である以上、本社を置かないわけにはいきません。

すでに都心に本社を置いている企業があったとして、リスク・イベントによって本社を移動させる必要に迫られたとしても、移動するのは都内であって、外へ移動することはほとんどありません。

地方は「支店」、東京は「本社」の考え方が安全なのです。

もちろん、この本を読んでいる読者の中には地方都市在住の経営者も多くいると思います。ですから、そのような方々にとっては、この本は当てはまらないと思ってしまうかもしれません。

ですが、そうではありません。

地方都市の経営者であっても物件として東京都心のオフィスビルを手に入れることはできます。たとえ自社で利用しなくてもいいのです。貸事務所業として新たに自社の業態を加えればいいだけなのですから。

地方でビルを持つなら「主要都市」で考える

地方都市で貸事務所業を考える人もいるでしょう。

その場合は「主要都市」と言われるビジネス人口の多いところをおすすめします。

例えば、札幌（北海道）や博多（福岡県）は支店を構える企業が多く、「働きたい都市ランキング」で上位に入ります。

他にも、大阪、仙台（宮城県）、名古屋（愛知県）、広島、高松（香川県）などは、地元で本社機能を構える企業や、大手企業の支店や関連子会社のオフィスとして選ばれる主要都市になりますので、テナント需要も高く、東京ほどではないかもしれませんが、営業外収益を見込めます（主要駅からの距離は変わってくるので、その辺りは精査が必要ですが）。

何より重要なのは「不測の事態によって賃料収入が仮に途絶えたとしても、すぐにまた入ってもらえるエリア」で考えることです。

これが「好立地」の重要なポイントです。

利回りよりも「安定稼働」にフォーカスして物件精査を行ってください。

■物件の比較はある程度絞って行うこと

ここで、おさらいの意味も込めて、物件を精査する方法論をお伝えしましょう。

まず、「健美家」や「楽待」などの媒体を使って、安定運用ができそうな物件をリストアップします。

リストアップができたら、近隣の物件と比較していきます。

引き続き「K」や「R」を利用して情報収集するのと同時に、該当物件の近隣にある不動産会社に飛び込んで周辺の賃料水準を調べ、比較して、購入を検討している物件が割安なのかどうかを把握します。

このときに飛び込む不動産会社は複数ヶ所がおすすめです。

賃料水準、さらに売買事例も情報として出してもらい、購入予定の物件が「賃貸の側面」と「売買の側面」から共に妥当かどうかを研究してください。

さらに、このときにエリアの人の流れも直接見ておくといいでしょう。

比較を行う際は、当たり前ですがあなた自身が購入しようとしている物件に〝条件が近い（似ている）〟もので比較する必要があります。

まず、「オフィスビル」として貸し出されているビルかどうかが大前提です。

次に、構造が同等かどうか、です。RC＝鉄筋コンクリートなら同じRCかSRC＝鉄筋鉄骨コンクリートくらいが同等です。木造では比較になりません。

基準階面積も、近いところでレンジを縛る必要があります。20坪と100坪では5倍の差がありますので、例えば30坪のビルを検討しているなら、比較するのは20坪～50坪のビル、60坪のビルを検討しているのであれば50坪～80坪くらいが比較対象になります。

さらに、比較する際は駅名でエリアを絞って考えましょう。

例えば、東京の新宿区は動物の「サイ」を横から見たような形をしています（Googleマップで「新宿区」と検索してみてください。サイにしか見えないはずです）。

いびつな形をしているため、都庁や歌舞伎町のある「新宿駅」も入っていれば、学生の街として有名な「高田馬場駅」も新宿区に入っています。同じ新宿区でも、街の様子は随分と違うのです。

ですから、例えば新宿駅西口周辺のオフィスエリアで物件を検討している場合、比較すべきは「新宿駅周辺」の駅チカの類似物件になります。

これを「区」で考えると高田馬場周辺まで入ってきたりしますし、新宿駅と高田馬場駅周辺では、同じレベルのビルでも賃料相場が変わってしまうため、比較しにくいのです。

金額だけではわかりづらいときの算出法

読者の中には「購入検討物件をいくつかリストアップができても、比較するとなると今イチ判断がつきづらい」と考える人もいるかもしれません。

単に金額だけで比較をしづらい場合は、次の算出法を試してみてください。

ここでは一例として、私が本書を執筆している時点で売りに出されていた新宿区の物件でお伝えします。4億5000万円、築35年、鉄骨造、専有面積合計は90坪です。

やり方はシンプルで、金額の4億5000万円を専有面積合計90坪で割るだけです。

すると、1坪の単価は500万円になります。

あなたがもしも、この物件を検討しているとして、比較をする場合は先述の比較材料とともに、それぞれのビルの1坪あたりの単価が割安なのかどうかを研究してみましょう。

この方法は、ビル1棟を買う場合でも、1フロアだけなどの区分所有で買う場合でも使える計算式です。

■オフィスビルに選ぶべきではない「治安の悪い場所」

第3章で「都内主要5区を網羅できるよう検索する」とお伝えしましたが、主要5区の中でも〝避けたほうがいい場所〟は存在します。

それは「治安の悪い場所」です。

そもそも、日本は世界でも治安のいい国とされています。２０１９年度の「世界治安ランキング」でも日本は世界１６３ヶ国中６位にランクインしていて、常に上位をキープしている安全な国です。

ですから、基本的には治安については気にする必要はないのですが、その中でも例えば、池袋駅の北口エリアや新宿歌舞伎町などは「安全な国・日本においては比較的」という前提がつきますが、治安がいいとは言えません。

ただ、あまり神経質になり過ぎると逆に物件を選定できなくなってしまうので、基本は安全であるという認識でいてください。

「噂のあるエリア」には気をつける

この前提で話をすると、例えば、新宿・歌舞伎町であれば、反社会的勢力との関わりが確認されているエリアだったりします。

個人的には歌舞伎町を攻撃するつもりはありませんが、「火のないところに煙は立たない」と言うように、このようなエリアでビルを購入してしまった場合、反社会的勢力をテナントに迎えてしまう可能性がオーナーには生じてしまいます。

そのときの責任はオーナーにかかってしまうので、避けられるのであれば最初から避けておいたほうがいい、という話です。

他にも、西麻布周辺、六本木周辺は「半グレ」と呼ばれる集団の事件が過去にあった事実があります。某歌舞伎俳優が巻き込まれた暴力事件は西麻布の飲食店舗ビルで起こりました。このように考えていくと、いくら好立地であったとしても避けるべきだと私は考えます。

■現オーナー、テナントのコンプライアンスチェックは念入りに

そういう意味でも、オフィスビルを精査する場合は現オーナーや現テナントのコンプラチェックは念入りに行ったほうがいいです。

例えば、狙いのビルが見つかった場合、そのビル名をインターネットで検索してみるだけでも、過去に事件があったかどうかがわかります。売り主の名前やテナントの社名を検索すると犯罪歴がある場合はすぐに出てきます。

このようなチェックは、何も新オーナーの危険を回避するためだけではありません。金融機関から融資を受ける場合でも、「出る／出ない」に関わる大きなポイントです。

金融機関は反社会的勢力などとの関わりを最も嫌がります。ですから、融資の申請があった時点で金融機関側でも賃貸借契約書をすべて調べあげ、問題のない売り主か、テナントかということを精査します。

その際に、買い主側がすでに調べていればダブルチェックになります。逆に調べていない状態で万が一、金融機関の調査で発覚したりすると、買い主側のコンプラ意識を疑われてしまいかねません（というか、そもそものビルは買わないほうがいいビルになってしまうのでリストアップからやり直しになります）。

ですから、運用、融資の両面から考えても、現オーナーと現テナントのコンプラチェックは念入りに行うべきなのです。

■オフィスビルに「事故物件」は存在するのか？

コンプラチェックの話に関連してビルそのものの話も補足しておきます。

賃貸でマンション、アパートを借りるときに「事故物件」というものが存在します。直前に前居住者が死亡した経歴を持つ物件で、住居の場合は格安の賃料で借りられるケースがあるのをご存知でしょう。

ビルにおいても事故物件的なビルは存在します。

過去に殺人事件や暴行事件などがあって一時的に価格が下がってしまったビルはあるのです。

ただ、事件性のあるケースを除いてほとんどの場合、ビルは事故によってそれほど大きな影響を受けません。

よくあるケースとしては、ビル清掃員が窓の掃除中にゴンドラから落ちてしまった事故、飲食店舗に入ったビルで酔った客が階段から足を滑らせて死亡してしまった事故などですが、私の経験からも、それが直接的な原因となって賃料ダウンにつながった話をほとんど耳にしたことがありません。


これらの起こりがちな事故の場合、一般的には起きた場所が共用部分や敷地にギリギリかかるかかからないところで起きます。

例えば、「テナントが入っている専有部分で、そのテナントの社員が自殺した」というような極めてまれなケースを除いて、事故が起きたとしても、賃料に大きな影響が出るほどの「事故物件」はほとんど存在しないのです。


私からすると、ビル・住居を問わず不動産には事故がつきものです。

そして、住居には事故が大きく影響するが、ビルはほとんど影響しない。

ということは、逆に言えば過去に事故があったビルであっても、現在は通常通りに運用されている、ということになります。

もしも、あなたが物件を購入する際に、そこが過去に事故のあったビルだったとしても、よほどテナントが嫌がるような凶悪事件でもない限り、気にせず運用すればいいのです。

さらに言えば、事故によって価格が下がっているなら、むしろラッキーだと思って購入し、通常通りに運用していけばいいのです。

■投資家の目線でビルの価値を正しく見極める

購入検討エリアを精査するとき、周辺の賃料相場を調べることに加えて、もう1つ、リサーチしておいたほうがいいことがあります。

それが「そのエリアの開発状況」です。

例えば、渋谷駅周辺は現在、東急（東急電鉄株式会社）がどんどん開発をかけています。他にも、新しくできた高輪ゲートウェイ駅の周辺や、浜松町の世界貿易センタービル（立て替え）など、新しい開発が行われています。

その影響として5～10年後に公示地価がどれくらい上がるか、周辺の賃料相場がどのくらい伸びるか、ということが考えられます。

つまり、「開発が行われている」ということは今後、そのエリアへの人流が見込めるわけで、土地としての価値が上がります。土地としての価値が上がるとそこに建っているビルの価値も上がり、賃料も高く設定することができるのです。

この辺りのことになると、経営者の目線に加えて投資家の目線が必要になってくるかもしれません。

ですが、経営をするということは人材投資や設備投資、ＩＴ投資などの「未来を見据えた行動」を行うことでもあります。経営者であるという時点で、その辺りは一歩、アドバンテージがあると私は考えます。

もちろん、このような開発事業は一般ではなかなか手に入りにくい情報です。民間の場合、多くが水面下で動くので情報が出づらく、不動産会社と懇意になっていないとリーチできないかもしれません。

そこで、私がおすすめするのが「行政が主導でやっている開発」です。

これならホームページの「都市計画」などのページに開発計画が公示されていますので、情報を得ることができます。

ビルの購入を検討するときの材料の1つにしてもらいたいと思います。

■購入するためのキャッシュはどのくらい持っておくべきか？

本章の最後に、ビル購入のリスク・マネジメントとして最も重要な「お金」の話をします。どれだけ理想的な物件が見つかっても、先立つものがなければ購入することはできません。

では、経営者はどのくらいのキャッシュを持っておけばいいのか？

すでにお伝えしていますが、金融機関から融資を受ける場合、物件にもよりますが自己資金の3倍以上のレバレッジをかけてもらえます。例えば、3億円の自己資金があるから融資と合わせて10億円のビルが買える（または、金融機関から「3分の1は自己資金を入れてくれ」と言われる）わけです。

ですから、基本的に「欲しいビルの価格の3割程度のキャッシュ」が目安です。

もちろん、レバレッジは私の見積もりで7倍までかけられることもありますので、これはあくまでも目安として考えてください。

経営者がキャッシュをかき集める方法

ただ、読者の中には「3億円を用意したいけど、今は手元に1億円しかない」という方もいるかもしれません。

そんな人のためにいくつかキャッシュを用意する方法をお伝えします。

まず、会社の保険を解約する方法です。これで払い戻しを受けられます。

次に、手形になっているものを早期換金してもらう方法です。

そして、取引先から入金を速くしてもらう方法もあるでしょう。または、信頼関係のある取引先であれば一時的に借りることもできるかもしれません。


他にも、よく使われている方法をご紹介します。

金融機関によって呼び方が異なると思いますが、「当座の貸越枠」を使うのです。付き合いが長く、信頼関係のある前提にはなりますが、自由に借りられる枠をつけてもらえる方法です。

貸出期間が1年と短いですが金利が相当安く、運転資金よりも安くて年利0・3％くらいなので、これを引き出して頭金にする人もいます。

あと、これは少し「道義的にどうか」と思われるかもしれませんが、運転資金の名目で借りたお金を不動産事業の頭金にする方法もあります。

私のヒアリングでは、金融機関は「お金に色はない」と言っています。貸した以上は何に使われても仕方がない、という姿勢が金融機関にはあるのです。

それに、運転資金はそもそも会社で融資をしてもらったお金です。その使い方を、安定した営業外収益を得るために使い、会社でオフィスビルを購入するのですから、個人的には問題ないと判断し、ここでご紹介します。

このように、キャッシュを集める方法はいろいろとあります。

頭金を確保しつつ物件を精査して「欲しい」という意思が固まったら、金融機関に連絡を取りましょう。

■金融機関には「守りの不動産投資」でアピールする

そして、いざ金融機関に融資をお願いする際は、第3章でお伝えした資料に加えて、次のものを用意しておくといいでしょう。

・自社の決算書の3期分
・安定性を示すことができる資料

これらを用意して、きちんと購入後も運用していける体力のある企業であることをアピールします。

金融機関は「保守的」です。こちら側の判断を100とするなら、そこから掛け値を入れて80くらいで見てきます。新オーナー側が考えているようにはうまくいかないこと、家賃が下がったり、空室リスクが大きい前提で見てきますので、今のうちに想定しておいてください。

ですから、こちら側もそのつもりで「儲かります!」と言うよりは、「これ以下になることはありません」というシミュレーションを提出するのです。

購入物件のエリア内で類似物件を比較対象として添付するのもいいでしょう。

駅からの距離や平米数が同じで、それがどのくらいの価格で売買されているのか、ということを示すことができれば、「うちもこの価格で買えるので融資してください」と訴えることができます。

いわば、「守りの不動産投資」です。これによって信用を得られます。

金融機関には「大義名分」で融資をお願いする

また、アパート経営や賃貸併用住宅の場合は、土地が良かったり収益性や安定性があると見込まれれば金融機関はお金を貸してくれます。ですが、ビルの場合は保守的であるがゆえに、融資目的を「投資」に設定してしまうと嫌がられます。

物件を持ち込むときの〝大義名分〟を考えて打診しましょう。

大義名分としての1つ目は「相続対策・事業承継対策」です。

現在の事業を親族である後継者に承継する際、税金を圧縮するため、家族に資産を残すため、という目的であれば金融機関は嫌な顔をしません。

大義名分としての2つ目は「自社利用」です。

これはすぐに利用しなくても構いません。いずれテナントが抜けたり、タイミングが来たら自社の事務所としても活用することを目的にすれば、金融機関の印象は良くなります。

どこまで行っても物件はスピード勝負

このようにして事がスムーズに進めば、晴れてあなたはビルオーナーになっているでしょう。スムーズな進行にするためにも事前準備は重要です。

結局のところ、物件の取得はどこまで行ってもスピード勝負です。

現オーナーとの優先交渉権を獲得するためには、スピードが速いに越したことはありません。そのためにも借り入れが前提なら「いくら借りられるか」を事前に把握しておくべきです。

現オーナーにもさまざまな事情があります。

早く現金化してしまいたいオーナーの場合であれば「融資が通らないと買えません」と言う買い手より、「現金でも買います」と言える買い手のほうが優先されるものです。

キャッシュが豊富であることが重要ですが、一方の見方としては、手が出るかわからない物件より、取得しやすい物件で段取りを考えるほうが取得にはスムーズだと考えることもできます。

さらに言ってしまうと、検討段階中に競合から成す術もない好条件で横からかすめ取られてしまうことも起こり得ます。これは実際に私も経験しています。

何はともあれ、準備をしているかどうかはとても重要です。

いざ購入するときにスピードで負けないためにも、物件の精査とともにお金の面での準備も怠らないようにしてください。

［第5章］

安定した営業外収益を得るためにやるべきこと

本章では「優良な中小オフィスビル取得のための全体フロー」の1〜9のステップのうち、8〜9のビルのリニューアル〜運用までのプロセスをお伝えします。

ここからは実際にオフィスビルを取得してからオーナーはどのような動きをするのか、リニューアル＝リノベーションをする場合にはどのようなところに気を付けるべきか、といったことを解説していきます。

本章と次章の内容を踏まえておくことで、取得してからもスムーズにビルを運用し、安定した営業外収益を獲得することができるでしょう。

■テナントには個人よりも法人を入居させる

オフィスビルに入居させるテナントは基本的に法人（企業）になります。

ここは住居系とは大きく違うポイントで、法人を入れることにはさまざまなメリットがあります。

まず、事務所として貸し出す場合、保証金を賃料の6〜12ヶ月をお預かりするのが一般的です。

オーナーによっては3～6ヶ月で設定することもありますが、その辺りはオーナーの考え方次第です。

住居系の場合は「敷金・礼金」の名目で1～2ヶ月分の家賃を預かりますが、賃料単価も踏まえてこの差は大きいです。住居系が10～20万円なのに対し、事務所の場合は数百万円の幅で保証金を預かることができるのです。

そういう意味では、個人事業者も「事業体」ではありますが、最初の保証金の部分で発生する数百万円の負担がなかなか出せなかったりするので、やはり入居させるのは法人のほうがいいことになります。社会的信用や事業としての安定性の側面からも、一般常識レベルで「個人事業主よりは法人」と言えるでしょう。

この保証金はあくまでも「預り金」ですが、不測の事態が起きた際にオーナーを守ってくれる〝守護神〟の役割を果たしてくれます。

例えば、あるテナントが業績不振に陥って3ヶ月の家賃滞納をしたと仮定します。保証金は6ヶ月分を入れてもらっておいたとしましょう。

最終的に立ち退いてもらう形で決着はついたとして、滞納分の家賃は保証金から受け取る形で相殺ができます。また、原状回復のための費用（基本的にはテナント側が負担するもの）も、保証金で相殺することができるのです。

つまり、オーナーの持ち出しは0円で済むということです。

テナントにするのは「カタい」法人がおすすめ

一般常識としての「法人の社会的信用」をより担保することを考えると、誘致する法人でも、より「カタい」法人を誘致することをおすすめします。

「カタい＝事業が長く成り立っている優良企業」です。保証金をきちんと払ってもらえ、かつ毎月の賃料も確実に収めてもらえる〝ある程度、事業が順調な企業〟ということです。

そういう意味ではスタートアップの企業よりは、製造系や士業、行政機関の出先機関などのほうが資金力や事業としての安定性は上になります。

行政機関に関しては、民間企業に比べると数は圧倒的に少ないですが、私の経験でも過去に誘致したことがあるため、起こり得ないことではありません。

優良企業を誘致したいと思ったら、不動産管理会社を活用するべきです。

優良企業は優良な不動産管理会社とつながっています。要するに「お金持ち企業ネットワーク」を持っているのです。

優良な不動産管理会社とは、なるべく長く事業を続けていて、社会的信用を持っているところです。そういう不動産管理会社とつながっていることで、オーナーは自分のイメージするテナント（後述します）を誘致できる可能性が上がり、安定的な営業外収益を作りやすくなります。

テナントを募集する場合でも、ビルを売却する場合でも同じですが、「いい企業に入ってもらいたい」「できるだけ高く売却したい」と思うなら、基本的に情報は拡散せず、水面下で流したほうがいいです。

誰でも知っている物件に優良テナントは食いつきません。むしろ、自身の持っているネットワークを頼りに、できるだけ静かに行動します。

不動産管理会社側も、仲介ビジネスとして成約すれば手数料が入る前提がありますので、できるだけ双方の希望に合ったマッチングを行おうとします。オーナー、テナント、不動産管理会社と「3方よし」になるように動くのです。

■入居させたいテナントをイメージしてみよう

優良なテナントを誘致するためにも、ここであなたがビルオーナーになったときに誘致したいテナント像をイメージしてみましょう。

本書でお伝えしている投資用のビルは、ここまでの流れで「Cグレード以下」としていますが、基準階面積200坪以下のさまざまなビルのうち、特におすすめなのが基準階面積100坪以下の中小オフィスビルです。

Cグレードは幅が広いです。5~10人程度の小規模な企業から始まり、基準階面積100坪になると数十人~50人程度、200坪になると100人規模の中小企業が利用することになります。

もちろん、業種・業態によって人の数は増減します。

ですから、オーナーは自分の所有するビルがどのような企業が利用することになるか(利用しやすいか、利用してもらいたいか)をイメージしておくことをおすすめします。

例えば、渋谷駅周辺だったらIT系が多い傾向があります。

千代田区だと駅にもよりますが、製造系のバックオフィスが多かったり、弁護士や行政書士や社会保険労務士などの「士業」が多かったりします。

これらのエリアに多い業種・業態を把握しておくことで、もしも解約や契約期間終了で空室が発生したときにどの業種にフォーカスして募集をかけると響きやすいかがわかります。

テナント側は自社の業種に合ったエリアを探していることがほとんどなので、マッチングはよりスムーズになるのです。

そして、できれば入居させたいターゲットをイメージしたら、その業種に強い不動産管理会社と組むことをおすすめします。不動産管理会社はテナントの誘致を代行してくれるので、オーナーの負担を減らすことができます。

不動産管理会社を選ぶときは、ぜひ「このエリアに多い業種のテナントを入れるネットワークをお持ちですか？」と質問してみましょう。さらに、直近で空室を埋めた実績があるかどうかも確認しましょう。

オーナーが想定するテナント誘致に強い不動産管理会社と組むことができれば、迅速に空室を埋めることができますし、オーナーが希望するテナントが入居して来る確率も上げることができます。

人づてにテナントを紹介してもらう方法もあり

本書の読者である経営者であれば、不動産管理会社と組む以外にも、人脈を使って優良テナントを誘致する方法もあります。

経営者仲間へストレートに「こういう物件があるのだけど、テナントとして入れそうな会社を知らない？」と聞いてしまうのです。もしかすると、経営者ネットワークの中で目的に沿ったテナントが見つかるかもしれません。

もしくは、開業支援をしているコンサルタントなどに話を持って行く方法もあります。開業支援をしているところは、単に事業計画の支援以外にも、開業場所のアテンドを兼務していることがあります。

そのようなコンサルタントに物件を提案することで、テナント誘致につながります（ただし、この場合はスタートアップ企業の可能性が高いので、精査が必要です）。

テナントを誘致する場合、やはり基本は不動産管理会社に頼るのがベストなのですが、それ以外の方法もありますので、ここで補足しておきます。

■自社の事務所として活用することもできる

貸事務所業としてオフィスビルを運用していく話に絡んできますが、購入したビルを自社の事務所として使う方法もあります。これもある意味で「法人を誘致させた」と言えると思います。

さらに、数フロア～1棟で取得し自社の事務所として活用するのであれば、関連会社をテナントにしたり、自社とシナジー効果のある企業をオーナー側で選んで入居させるなどして、1つのオフィスビル内でビジネスを加速させる施策を取ることも考えられます。

私の知り合いのあるビルオーナーは、自社の出版関係の事務所としてビルに入りながら、製作を手掛けられる編集プロダクション機能を持った企業を誘致するよう計画をしていたりします。オーナーは仕事を任せられる存在を身近に置くことができ、編プロ側も定期的な仕事を確保できるので双方にWIN－WINな関係を築けます。

他にも想定としては、医療法人が1階に薬局を入れたり、耳鼻科クリニックを経営するオーナーが歯科クリニックや皮膚科クリニックを誘致してビル1棟を「医療クリニック・ビル」にする、というのも考えられます。

1階を打ち合わせのできる落ち着いた雰囲気の喫茶店にしたり、逆にバーにして帰りがけの1

杯を楽しむ場所にして福利厚生の一助にしたり、いつでも使えるコンビニエンス・ストアを入れたり……と自分の通える店を入れるのもいいでしょう。

基本的にテナントの申し込みは複数件あるケースが多いので、オーナーはそこから今後のシナジー効果を踏まえた上で決断をすることができます。

募集期間を1ヶ月後からの入居に設定できるので、即入居が多い住居系では難しい「テナントをオーナーの好みで揃える」ということもやりやすいのです。

■テナントから好まれるビルにリニューアルするために

では、このようなテナントから好まれるビルはどのように作っていけばいいのか？

基本的には、ビルは取得した時点ですでにテナントが満室だったり、空室があるにしても他は埋まっていたりするので初月から賃料収入は発生しますので、急いでリニューアルをする必要はありません。そのまま運用すれば大丈夫です。

逆に、もしも空室がある場合はリニューアルするチャンスです。

占有スペースをリノベーションしたり、外壁を塗り直して見た目を一新するなどしてビルとしての付加価値を上げ、それに伴って賃料を上げた状態で新たなテナントを誘致することができるからです。

外観とエントランスは統一感を出す

ビルをリニューアルするときにはいくつかのコツがあります。

まず、エントランス・フロアをリノベーションして清潔感のある見た目にすることです。また は、外壁を塗り直して外観イメージを良くします。

テナントは自社のオフィスを選ぶとき、やはり見た目を気にします。

ボロボロの雑居ビルよりは新築ではなくても清掃の行き届いた清潔感のあるビルを選ぶのは人間として当然の心理でしょう。従業員のモチベーションや来客を想定した場合、間違いなく選ばれるのは後者です。

外壁をリニューアルするなら、例えば、探偵小説に出てきそうなレンガ調のブルックリン・スタイルの外観とエントランスにして統一感を出したり、木目が美しいアーリーアメリカン調や、あえてコンクリートの打ちっぱなしでデザイナーズ感を出したり、昔の日本映画に出てくるようなヴィンテージ色の強いのも現代では逆にモダンに映るかもしれません。

オーナーによってそれぞれ好みがあるので「これがいい!」と断言することはしませんが、安定路線で行くなら黒っぽいシックなものにすることで、無難で広く愛されるビルになるでしょう。

ただ、外観はマストではありません。

繰り返しますが、すでにテナントが入居していたり、賃料を上げられるようであれば、むしろ他のところにお金はかけたほうがいいでしょう。

室内は色合いで高級感を出せる

次に、実際の事務所となる専有部のリノベーションのコツです。

基本的に事務所はパーテーションなど室内に何もない状態でテナントへ貸しますから、考えるべきは「壁」「床」「天井」です。基本的な電気配線やシンクなどの水回りやインターネット設備はすでにあるものと考えてください。

まず、壁は「白」の壁紙で統一です。オフィスですから、仕事の気が散らないよう無難な色がおすすめです。

次に、床は「黒」がおすすめです。実は、床が黒いオフィスは意外と少なく、グレーや青のタイルカーペットを敷いているところが多いので、黒にすることで高級感が出てテナント受けが良かったりします。

また裏ワザとして、床と壁の際である巾木《はばき》を床と同じ色にするとフロアが広く見える効果があります。ちょっとしたテクニックなので、覚えておいてください。

そして天井ですが、これは基本的に壁紙と合わせて「白」がいいでしょう。

これも裏ワザとしてあえて天井を抜いてしまって、鉄骨やダクトなどを剥き出しにするテクニックもあります（壁紙と色を統一して塗装します）。そうすることでデザイナーズ感のあるオシャレなオフィスにすることができ、テナント受けもよくなるでしょう。

オーナーにとっても余計なものを取っ払えるのでお金がかかりづらくなりますし、天井が高くなるので開放感のある（圧迫感のない）事務所にできたり、広く見せる相乗効果もあります。

※また、当然時代毎のトレンドもあるのでそのタイミングに適したリニューアルをする上でベストな方法は刻一刻と変わっていくのが大前提です。

家具のセットアップで付加価値をつける

もう1つ、事務所のリノベーションをする際に机や椅子などのオフィス家具を用意してあげるのもポイントです。

部屋の雰囲気に合ったオフィス家具を用意すれば、より統一感を出せるでしょう。オフィス家具を用意するとなるとお金がかかりそうに思えますが、高級ブランドのものを仕立てる必要はありません。オフィスコムやASKULなどの通販サイトのカタログにあるような、オフィス一般で使用されるものでも構いません。

目的はテナントの手間を省き、ビルとしての付加価値を上げ、その分を賃料に反映させるためなので、予算の範囲で決めればいいのです。

繰り返しになりますが、ビルのリニューアルはマストではありません。

現状で運用できているのであれば、然るべきタイミングが来るまでリニューアルを取っておくのも戦略の1つです。

あくまでもオプションとして検討してください。

※家具＋応接室を間仕切りで作ってあげたりする方法もあります

■注意しておきたい1階テナントの選考基準

ただ、ビルのリニューアル以外にもテナントから選ばれるビルにするために注意しなければいけないことがあります。

それは「清潔感を維持できるかどうか」です。1階やエントランス部分は最初に足を踏み入れるになりますので、特に重要です。日々の清掃はもちろんのこと、1階に入っているテナントの種類によっては、どうしても発生してしまう問題があったりします。

例えば、1階に「重飲食」が入っていると、どうしても匂いが発生します。

重飲食とは、特に定義があるわけではありませんが、一般的にラーメン屋（中華料理店も含む）、焼肉・焼き鳥（ステーキハウスや韓国料理も含む）、お好み焼きや串焼きなどの鉄板系、カレー屋（インド料理なども含む）などの飲食店のことを言います。

すぐにイメージできると思いますが、このような重飲食は油やスパイスの匂い、調理で発生する煙がつきものです。いくら換気設備がしっかりしていても、ゼロにすることが不可能です。加えて、重飲食には害虫やネズミなどが発生します。

オーナーが自分の行きたい店として重飲食を考えることもあるかもしれません。

確かに、そもそも重飲食は入れるビルが少ないので、募集をしてすぐに応募があったり（空室期間を短くできる）、賃料を高めに設定してもレア物件として入居してもらえたり（賃料収入のアップ）と、オーナーにとってはメリットが大きいです。

一方で、ビルの全体最適を考えると、「清潔感」ではどうしても一段落ちてしまいます（重飲食業を悪く言うわけではなく、一般論として）。

全体最適で考えたときにビルの価値を保とうとすると1階の利用方法は重要です。

例えば、現在であれば、新型コロナウィルスの影響でデパートやさまざまな店舗でアルコールスプレーが置いてあったりします。オフィスでも、入室の際に検温と消毒を徹底しているところも少なくないでしょう。

そういう場合に、1階のエントランスの共有部分にアルコールスプレーを置くことによって付加価値をつけられます。テナントとしても二重のチェックになって安心でしょう。

ビルの清潔感を維持する方法は1つではありませんが、入れるテナント、日々の管理など、ビルの全体最適の視点で検討してください。

■オーナーにはテナントに対する拒否権がある

先の項目では重飲食を例に挙げましたが、他にもオーナーとして「あまりありがたくないテナント」からの入居希望が出ることもあります。

そこで、オーナーの拒否する権利について補足しておきましょう。

ビルとしてのブランドを維持しようと思ったら、そこに入っているテナントの種類は重要です。

一般企業であれば問題ありませんが、第4章でお伝えしてきた反社会的勢力の事務所の他にも、性風俗のような合法ではあっても社会的イメージがマイナスにとらえられる業種・業態の場合、オーナーまたは金融機関としてもマストで避けたい考えです。

または、IT系やデザイン系（クリエイター系）のビルとしてセッティングしているところに、学習塾が入居することで騒音によって業務に支障が出るようなことも避けたいのではないでしょうか（学習塾を否定するわけではありません）。

他にも考えられるのは、外国籍の方々が運営する法人の場合、文化の違いによって騒音など、テナントトラブルに発展しやすいケースもあります（外国籍の方を否定するわけではありません）。

このようなとき、オーナーはテナントを選考し、拒否することができます。

不動産管理会社が間に入っているケースで説明しますが、テナント募集をかけると、まず内覧希望の連絡が入ります。そして、その情報は不動産管理会社からオーナーのところへと流れます。そのときに、オーナーは自分の目的や希望に沿わない業種・業態のテナントを拒否することができるのです。拒否したあとのやり取りに関しては不動産管理会社に任せて構いません。

このようにして、運用をするようになってからでもオーナー側のスクリーニングによってテナント対策を行い、トラブルを未然に防ぐことができるのです。

保証会社に加入する際にも審査がありその審査自体がスクリーニングになるため。

また、滞納、原状回復含め最大家賃の2年分まで保証してくれる会社が大半なのでテナント精査・リスクスクリーニング両観点でお薦めです。

マンションの隣に学習塾がやってきた！

ここで1つ、私のところで起きた事例をご紹介します。

都内にある大型マンションの一角にあった事務所区画の物件を管理していました。前テナントだった芸能事務所が業績不振によって退去することになり、そのあとに小学生向けの学習塾が入居申し込みをお願いしてきました。

すると、隣接するマンションの住民から不満の声が上がりました。

小学生たちばかりですから、どうしても騒いでしまったり、送迎の車で騒音があったりと、小学生向けの学習塾という業態ゆえにどうしても起こってしまう事態と、そのエリアの環境との間にミスマッチが生じてしまったわけです。

結局、この事例ではスムーズな解決を図ることができました。

学習塾が優秀な生徒を輩出することで有名だったこともあり、マンションの管理組合のメンバーの娘さんがその学習塾に通ったことで受験に合格したのです。

他にも、学習塾側でトラブルにならないよう工夫して、専属の警備員を配置して生徒たちに騒がせないようにしたり、付近までの送迎を禁止したりして、近隣住民に配慮する措置をとったのです。

オーナーには拒否する権利がありますが、中には「入居を希望してくれたのだから、できるだけ入ってもらいたい」という気持ちがあるかもしれません。

そういう場合は、テナント側の工夫でトラブルを未然に防ぐことができることもありますし、さらに言うなら契約の際に「ビルそのものの秩序が乱れるようなことはしない」「確認された場合は賃貸借契約を解消できる」といったオーナー側に有利な文言を賃貸借契約書に含めることで、オーナー自身を守ることもできます。

テナント誘致にはさまざまな側面がある1つの可能性として、ぜひ覚えておいてもらいたいと思います。

■オーナー（管理者）とテナントは持ちつ持たれつの関係が理想

ここまでさまざまな角度からオフィスビルの運用についてお伝えしてきましたが、結局のところ、オーナーとテナントは「持ちつ持たれつの関係」をいかに築けるかが重要です。

第4章でもお伝えしましたが、ビルを運用していると、いくら順調に行っていても何かしらの不測の事態が起こります。ですから、想定しておくことが大事なのですが、不測の事態やトラブルが起きた際、結局はオーナーとテナントとの関係性によって解決がスムーズになるか、こじれるかが決まってくるのです。

ただ、1つ注意しておいてもらいたいのは「決してなれ合いになってはいけない」ということです。私としては、オーナーはテナントのことを気遣いつつも、基本的には一切の関わりを持たないことをおすすめします。

というのも、やはり人間なので、関わりを深めると、事業とは別のどこかで面倒が起きたりするからです。

この辺りのバランス感覚は少し難しいかもしれません。

例えば、何か悪いイベントが起きたときは迅速な対応がマストです。

ドアの立て付けが悪くて扉が閉まらない、雨漏りが発生した、テナント間で軽いトラブルが発生した、などの場合は、オーナー側は迅速に動き、対応をすることでテナント側は「ここを借りて良かった」となります。

または、何もなくても定期的に連絡をして本業を気にかけている姿勢を示すことで、テナント離れを防ぐことができます。

テナントと仲良くするのではなく、あくまでも「事業者としてＷＩＮ－ＷＩＮでいられるか」というバランスです。

もしも、このバランス感覚が難しい・煩わしいと思うなら、不動産管理会社に任せてしまうのもいいでしょう。

オーナーはテナントと一切の関わりを持たなくても、オーナーとしてすべきことを代行してくれます。第三者目線を通じて管理をしつつ、オーナーの気遣いや心配を伝えてくれるのです。

■賃料の設定は利回りよりも「その市況に見合った賃料設定」を

作曲は山田耕作、作詞は北原白秋。山田耕作は小学校の音楽室にモーツァルトやベートヴェンと一緒に飾られていたりするので、見たことがあるでしょう。北原白秋は言わずと知れた日本を代表する詩人の１人です。

この曲の歌詞は「農夫がある日仕事をしていると、ラッキーなことに切り株に兎がぶつかって死んでしまう。汗水たらして働かなくても食べ物が手に入ると考えた農夫は次の日から兎が通るのを待ちますが、いつまで経っても次が起きない」という内容です。

つまり、「過去の成功体験にしがみついていると時間をムダにする」という教訓です。

これと同じことを、新しくビルを取得したオーナーは行いがちです。

私の管理している物件を1つご紹介すると、「JR浅草橋駅」付近で、1棟で7億6000万円の物件です。あくまでもこの本を執筆時点での情報になってしまいますが、6～7階が現在空室だったため、リノベーションをして賃料をアップさせました。

従来からテナントが入っている1～5階のフロアに関して坪単価の賃料が坪8000円、リノベーションした6～7階は坪1万6000円です。

ちなみに、私の調べではこの物件の周辺の賃料相場は坪単価1万2000円です。

つまり、当該物件の賃料はかなり割安で、賃料アップの伸びしろが充分にある、ということになります。さらに、リノベーションをしたことで強気な賃料を設定しても、テナントを誘致できる可能性も充分に考えられます。

できれば、読者の皆さんにはこのような「割安な物件」を手に入れてもらいたいですが、手に入ったからと言って利回りを期待するのではなく、「長く借りられるレベル」に設定してもらいたいのです。

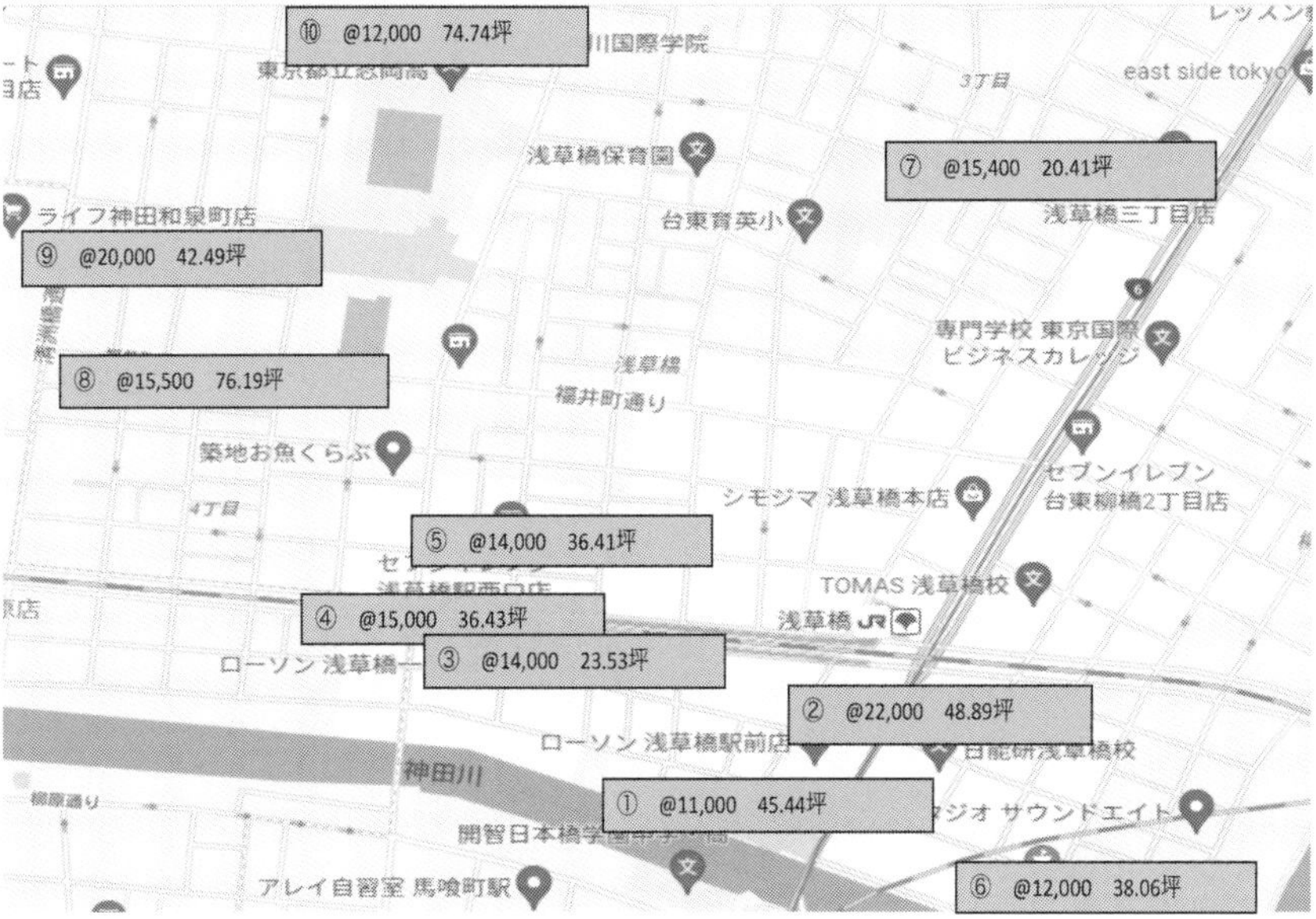

No.	情報種別	階層	築年	最寄駅 徒歩	賃貸面積 ㎡/坪	共込賃料(税込) 坪単価	敷金	償却 更新料
1	2021.6.28成約	5階	1985年	浅草橋2分	150.23㎡ 45.44坪	500,720円/月 11,000円/坪	2,002,880円 賃料の4か月分	賃料2か月分 新賃料1か月分
2	2020.11.6成約	9階	1994年	浅草橋1分	161.62㎡ 48.89坪	1,074,000円/月 22,000円/坪	6,444,000円 賃料の6か月分	なし なし
3	2021.1.15成約	4階	1992年	浅草橋2分	77.79㎡ 23.53坪	336,400円/月 14,000円/坪	2,018,400円 賃料の6か月分	賃料2か月分 新賃料1か月分
4	現在募集中	2階	1987年	浅草橋1分	120.42㎡ 36.43坪	546,450円/月 15,000円/坪	4,371,600円 賃料の8か月分	なし 新賃料1か月分
5	現在募集中	5階	1990年	浅草橋1分	120.36㎡ 36.41坪	509,740円/月 14,000円/坪	2,038,960円 賃料の4か月分	賃料1か月分 新賃料1か月分
6	2021.6.30成約	1階	1981年	浅草橋4分	125.83㎡ 38.06坪	462,000円/月 12,000円/坪	924,000円 賃料の2か月分	賃料1か月分 新賃料1か月分
7	2021.7.27成約	2階	2019年	浅草橋5分	67.48㎡ 20.41坪	314,314円/月 15,400円/坪	1,885,884円 賃料の6か月分	解約時2か月分 新賃料1か月分
8	2021.3.11成約	6階	1981年	浅草橋3分	251.860㎡ 76.19坪	880,000円/月 15,500円/坪	8,800,000円 賃料の10か月分	賃料1か月分 記載なし
9	現在募集中	5階	2020年	浅草橋6分	140.45㎡ 42.49坪	849,800円/月 20,000円/坪	5,948,600円 賃料の7か月分	賃料1か月分 新賃料1か月分
10	2020.3.19成約	4階	1986年	浅草橋9分	247.07㎡ 74.74坪	898,500円/月 12,000円/坪	8,985,000円 賃料の10か月分	解約時2か月分 なし

平均値	13,890円/坪

ここまでいいお話ばかりをお伝えしてきましたが、ビルのオーナーになると、人によっては急に欲が出てしまう人がいます。

賃料を上げることは悪いことではありませんが、その都度、マーケットの状況を理解し、賃料設定を間違えない努力をする必要があります。

先の「浅草橋」の例で言うなら、周辺の賃料相場が坪単価1万2000円ということを把握しつつ8000円をどう上げていくか、ということです。

オーナーは時には「下げる勇気」を持つ

逆に、リノベーションをしたフロアが今は1万6000円でテナントが見つかったとして、5年後も同じ賃料設定でいいのか、ということも考えていかなければいけないでしょう。

周辺の相場が変わっていないとしても、リノベーションしたフロアは5年の時間が経っていますから、もしかすると少し下げて考える必要があるかもしれません。

そこを、過去の成功事例を捨てきれず、賃料を変えずに募集をしたら、まさに「待ちぼうけ状態」になってしまうかもしれないのです。

実は、空室が長く続くのはこのような「待ちぼうけ状態＝賃料の相場観を見誤っているから」

ということがよくあるのです。

賃料を上げないと営業外収益は増えません。

ですが同時に、下げることによって営業外収益の下げ止まりを防ぐこともできます。

賃料据え置きシンドロームにならないよう気をつけつつ上げるときは上げ、下げるときは下げる。オーナーは時に戦略的に「下げる勇気」を持つことも必要なのです。

［第6章］

貸事務所業で起こりがちなトラブルFAQ

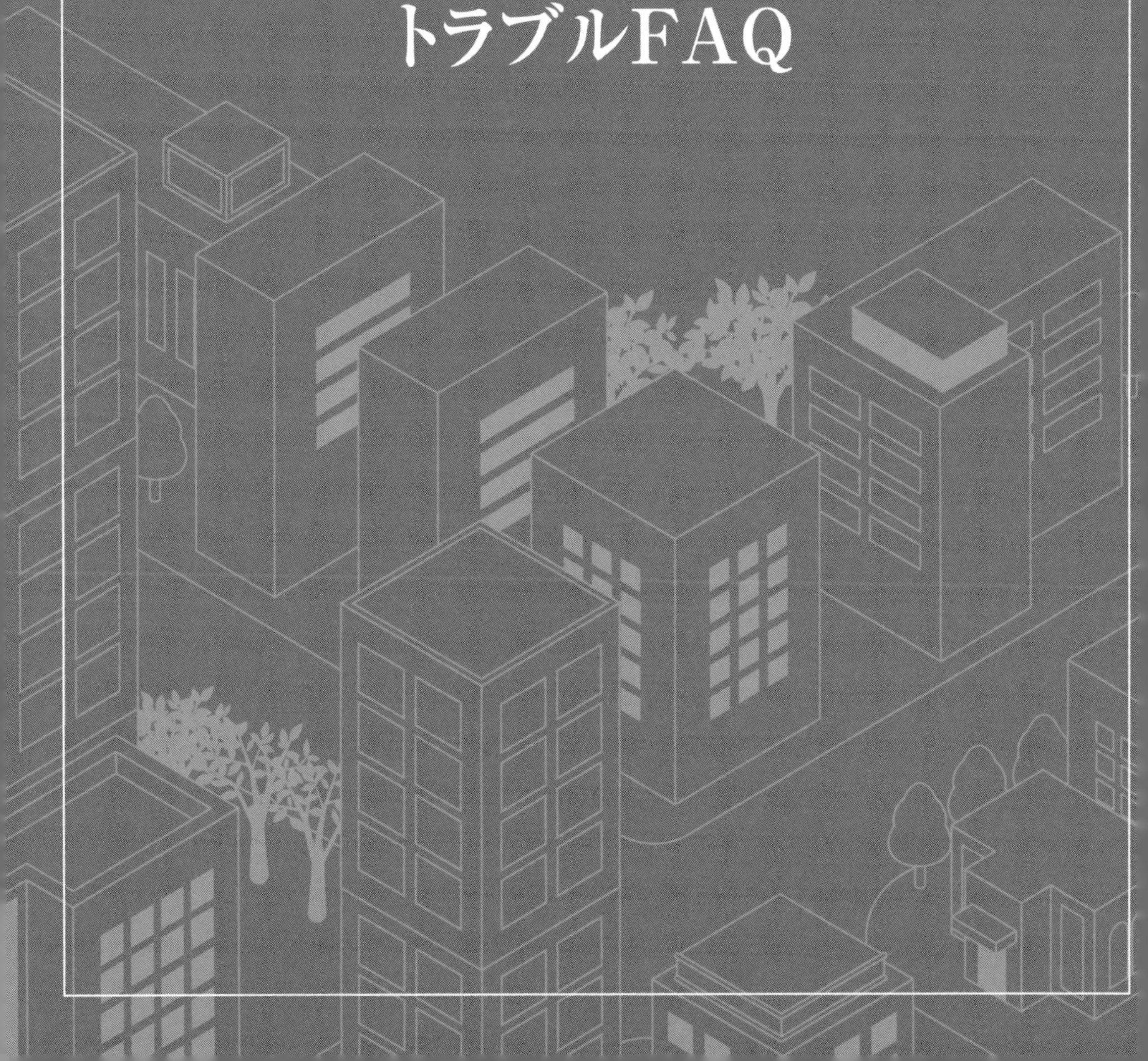

ここまでで「優良な中小オフィスビル取得のための全体フロー」については、お伝えできたかと思います。

それでも実際の運用をしていく際には、賃料交渉に始まって、家賃の滞納や場合によっては立ち退き交渉、入居テナント同士のトラブルなど、さまざまなトラブルや疑問がつきまとうでしょう。

そこで本章では、実際のビル管理で起こりがちなことをQ＆A形式で、かつ実際にあった例も交えながらお伝えし、あなたがビルオーナーになって貸事務所業を始める際の〝転ばぬ先の杖〟として役立てていただければと思います。

Q1　テナントから賃下げ交渉をされた。どうする？
A1　突っぱねてOK。引き下がらないようであれば必要資料を提出させる。

よくある例が、リスク・イベントが発生した際のテナントからの賃下げ交渉です。結論から言って、これは突っぱねて構いません。

実際に私の管理している物件でも、コロナ禍によって1割のテナントから賃下げ交渉の打診がありました。ですが、お断りをしました。もしくは、「賃下げ交渉＝業績悪化」ですから、そのエビデンスを提出するようにしてもらいました。

賃下げ交渉をしてくるテナントの中には、本当に業績が悪化しているところもあると思いますが、多くはリスク・イベントに乗じて「一度言ってみよう」というくらいのところも少なくありません。モノは試しだと考えているのです。

そして、そういう感覚を持ったテナントの場合、逆に業績が回復したときや、今回のようなコロナ禍が終わった頃に賃料をアップする交渉をしようとすると、首を縦に振りません。

ですから、そこはビジネスライクに断っていいのです。

もしも、どうしても賃下げを希望して来るのであれば、直近1年間くらいの決算書や試算表、手元資金の確認（通帳のコピー）などを提出させます。

さらに、業績悪化をフォローするための借り入れや補助金などのセーフティネットを、本業を継続させる施策として活用した上で、それでも下げて欲しいなら交渉の余地があります。

ですが、実際は「決算書を出してください」と言うと、その時点で「じゃあ、いいです」というところがほとんどです。

Q2　テナントが賃料を長期間滞納した。どうする？

A2　取れる手段は2つ。出て行ってもらうか、保証会社を最初から挟んでおく。

企業は基本的に「その事業をやったら儲かる」ということを前提に起業します。業績が悪化することは最初の前提にないため、いつ、どのようにしてそのテナントの業績が悪化するかを予測することはできません。

ただ現実では、業績悪化やリスク・イベントなどによって賃料を滞納するテナントも出てくる場合があります。このような場合は、2つの手段があります。

1つは「即時退去してもらう＝出て行ってもらう」です。

ただし、この方法はすぐに選択ができるわけではありません。

日本の借地借家法は前提として「テナントを守る法律」になっています。裁判所で認められているケースとしては、3ヶ月の賃料の滞納が派生してからオーナー側は立ち退きを要求できるようになります。その場合は弁護士を通して立ち退きを要求できます。

ただし、このような場合、業績が悪化しているわけですから、テナント側は占有部分の原状回復ができるかどうか、わかりません。

例えば、6ヶ月分の賃料を保証金として最初に預かっていても、滞納した3ヶ月分をそれで補填すると、残りは3ヶ月分になります。その額で原状回復できるかどうかはわかりません。

このようなことを未然に防ぐためには、2つ目の「保証会社を最初に挟む方法」を取ることです。

この場合の保証会社とは「家賃保証会社」のことで、保証料を受け取る形で借りる側の連帯保証人を代行し、賃料滞納などの債務不履行があった場合に立て替えて支払ってくれる会社のことです。保証会社が入ることで2年分の保証をしてもらえますし、保証料も払うのはテナント側なので、オーナー側に負担はありません。

この保証会社を〝最初の契約の際に〟入ってもらうようにするのです。

どちらにしても、賃料滞納が起きた場合の対策はあります。

ただ一番は、このような心配のない、年間の人件費や固定費を3年分くらいは賄える体力＝純資産のある会社を誘致することです。さらに、保証会社にも入ってもらうと安心できるでしょう。

Q3　事情により期間限定でテナントを入れたい。どうする？

A3　定期借家で契約する。デメリットもあるが、オーナー有利で契約できる。

借地借家法のようなテナント有利な法律に対し、オーナー側に有利な方法があります。それが「定期借家」による契約です。

定期借家契約とは、賃貸借契約で定めた契約期間が満了になると、それ以上の更新はできず、契約終了になる契約です。ただし、オーナーとテナントの双方が合意すれば、再契約が可能です。

例えば、定期借家で賃貸借契約を結ぶのは次のようなケースです。

1. 一定期間の入居の同意を得られることへの安心
2. 入居してほしくないテナントを誘致せざるを得ない場合の対策
3. 自分でオフィスを使うときの保険
4. 数年後建て替えを計画している場合
5. 数年後、賃料相場が大きく上昇すると予想する場合など

1. 一定期間の入居の同意を得られることへの安心

定期借家は、言ってみれば「期間を区切ることができる制度」です。

例えば6年で設定してテナントと契約をした場合、6年間はそのテナントを確保しておけるリスクヘッジになるので、安定した収入を確保できる〝安心〟が買えます。

ただし、テナントによっては6年後に引っ越すリスクが発生するため（もちろん、再契約も可能ですが）、長くいたいテナントによっては条件が一段落ちるオフィスビルになってしまいます。

また、6年間で契約していても、必ず6年いてくれる保証はありません。

その場合は「残りの期間分の賃料も支払う」という文言を賃貸借契約書に書くことができます。

もちろん、それでテナント側が納得して入居するかどうかは別の話ですが、文言によってリスクヘッジは可能だということは覚えておいてください。

2. 入居してほしくないテナントを誘致せざるを得ない場合の対策

定期借家の考え方は「それ以上、いさせたくない」です。ですから、オーナー的には〝ありがたいけどあまり嬉しくないテナント〟からの応募があった場合に期間限定で貸し出す方法が取れます。

募集をかけたら優良テナントがすぐに集まればいいですが、時にはあまり応募が芳しくなく、空室期間を埋めるために〝背に腹は代えられない〟という状況も起こりえるかもしれません。

そのような際は「期間限定」にしてしまうのです。

3. 自分でオフィスを使うときの保険

オーナーによっては、購入したオフィスビルを将来的に自社の事務所として活用したい場合もあるでしょう。もしくは、建て替えを考えていて、立ち退き交渉をせずにテナントを退去させたいと考えることもあるでしょう。

そのようなときに、4~6年の定期借家を組んでおくことで、トラブルなくテナントに立ち退いでもらい（オーナー側から立ち退き交渉をする場合は費用がかかります）、自社で活用できるようになる保険になります。

または、ビル全体をまとめてリノベーションしたいときに、テナントの契約終了のタイミングをぴったりと併せておけば、一気に空っぽの状態にできて、余計な費用を使わずにリノベーションをすることもできます。

ビルをリニューアルした後は新たに賃料を設定し直して、付加価値のついたビルとして応募をかければいいのです。

4．無駄なく収入を得て建て替えへ

例えばビルが老朽化し、5年後建て替えをしようと考えた場合、各テナントの退去時期を揃えるのが一番望ましい計画です。

したがってテナントが入れ替わる際定期借家での契約をワンフロアずつ進めていき、最終的に契約満了の時期を揃えることにより、インカムロス無く建て替え作業へと移ることができます。

定期借家はリスクもありますがオーナーにとってはありがたい制度です。

不動産運用では常套手段なので、ぜひ覚えておいてください。

Q4　定期借家で契約していないから立ち退きが進まない。どうする？

A4　退去費用も「経費のうち」と考える。最悪の場合は裁判も視野に入れる。

定期借家にしておらず、それでもオーナーの都合でテナントに立ち退いてもらいたいケースになったときは、必然的に立ち退き料の話になります。

要するに、金銭解決です。

一般的には立ち退き料は、そのテナント賃料の2年分と言われています。月50万円であれば×24で1200万円ということになります。

立ち退き料を支払うことはオーナーにとっては痛いことに思えるかもしれません。ですが、考え方によっては「必要経費」と考えることもできます。

私の過去の事例でお伝えしましょう。

東京・銀座にあった物件を建て替えようとしたときのことです。

ある和食屋さんが入っていたのですが、こちらから提示した立ち退き料2000万円では納得しれくれず、「1億円なら立ち退く」という話になりました。

結果的に裁判になり、2000万円に満たない額で立ち退く判決が出ました。

テナント側としては、せっかくもらえた額以下の立ち退き料しか払ってもらえない結果となってしまいました。

この事例からわかることは、そもそも立て替えを考えるレベルの物件でもテナントは入ってくれる（容易に立ち退こうとはしない）という事実です。

さらに、オーナーはお金をかけてまで立て替えを予定していたわけですから、それ以上に儲かるシミュレーションができていた、ということも言えます。

つまり、立ち退かなくても立ち退いてもどちらにしても儲かる、ということです。

オーナーとしては、意味のないリノベーションや建て替えはしないはずです。することによって今以上に儲かる（物件価値が上がり、賃料を上げられる、新築賃料が取れる）試算があるから行うわけです。

それなら、このような計画をあらかじめ作っておけるなら、立ち退き費用も「必要経費」と考えられるようになるでしょう。

ちなみに、先の例でもあった通り、テナントが立ち退きに応じない場合は裁判に発展することになります。その際は弁護士を通して裁判に臨みましょう。

「自己都合で裁判なんかすると、オーナーにとっては不利なのでは？」

そのように思うかもしれませんが、大丈夫です。

結局は目的が正当事由に当たるかどうかが論点になります。

例えば、老朽化していて、そのまま放置していると倒壊の恐れがあったり、何かしらの事故が起きて損害賠償になりかねない。自社で使用する必要に迫られているために立ち退いてもらいたい、といった理由であれば、正当性を主張することができます。

Q5 テナントが退去時の原状回復を渋る。どうする?
A5 原状回復はテナント側の「義務」。または保証金を費用に充てて相殺する。

オフィスビルにおいては、テナントが退去する際に占有部を原状回復＝引き渡し時の状態にして退去するのが原則です。ですから、原状回復を渋るような場合であっても「義務」としてやっていただきます。

原状回復のためにはお金がかかります。中にはその費用がもったいなくて拒否するテナントもいないわけではありません。

そんなときは強行突破です。敷金から相殺する旨を通知し、工事に入る必要があります。そういう意味で保証金は〝人質〟とも言えるでしょう。

というのも、契約には満了日があり、例えば3月31日が満了日ならば、テナントはその日までに「退去」するのではなく「原状回復まで完了させる」必要があります。

現実の話で言うと、1ヶ月前くらいには退去の準備が整い、最後の3月は原状回復の期間になるくらいの準備になります。

逆に言うと、オーナーがもたもたしていたら最悪の場合、4月にはいってから原状回復工事をスタートさせることになり、本来であれば4月1日から新しいテナントを入れられたはずの計画が狂ってしまうことになるのです。

このようなトラブルを避けるためにも、賃貸借契約を交わす時点で、原状回復について、保証金の使い道について、といったことを明文化して「最初に納得して借りていますよね」という状況を作っておきましょう。

Q6 テナントが内緒で「又貸し」をしていた。どうする?
A6 必要に応じて退去交渉。そもそも買わないか、契約時にガチガチに固める。

資産としてオフィスビルを持つ場合、物件にとってはその価値やブランド性が損なわれる行為は避けなければいけません。

その考え方で言うと「又貸し」が行われる物件は社会的イメージがよくありません。もしも、そのようなことが発覚した場合には即時退去を考えるべきです。


又貸しであり得るパターンとしては、実際の使用人が賃貸借契約書に記載のない人であるものです。このような場合は、反社会的勢力が関わる可能性が出てくるため、特に注意が必要なのです。

一例として、反社会的勢力がマンションの一室を事務所にしているケースがありますが、暴対法の関係でそもそも反社会的勢力はマンションを借りられません。事務所にするためには他人名義で契約し、そこを借りる形で入居するしかないのです。

他にも例としては、風俗店としての利用も考えられます。

そもそも風俗店は合法的に届け出を出して運営しているものですが、中にはどうしても物件が見つけられず他人名義で契約し、そこを借りる形で店舗運営をすることも無きにしも非ず、です。

億単位で物件を買う以上は、このような又貸し行為はNGでいいでしょう。

できれば、テナントに又貸しを〝させない〟ためにも、特定の来客(店舗であればお客さま、オフィスであれば新規営業、取引先、業者など)は別にして、賃貸借契約者以外の継続的利用を認めない旨を文言として記載してください。違反した場合は契約の解除、即時退去することを最初の契約時にガチガチに決めておくのです。

逆に、すでにテナントが入っている物件を購入する場合は、そこが又貸ししているかどうかは、テナント精査で行うしかありません。

Q7　テナント同士がトラブルを起こした。どうする？
A7　基本的にはない。ただ起きた場合はオーナーが問題解決をする。

ここまではオーナーとテナント間の話でしたが、今度はテナント同士での話です。

ただ、テナント同士でのトラブルは基本的にはないと考えてもらって構いません。

私自身、経営者としてオフィスビルを事務所として借りる形で会社を経営していますが、他のフロアや部屋に入っているテナントとはトラブルを起こさないようにしています。

企業にはイメージがありますので、わざわざトラブルを起こそうとする人はいないのが前提なのです。


それでも起こりうるトラブルで言えば共用部分がメインになってくると思います。

例えば、1階に重飲食が入っていて煙や匂い、害虫が気になるケース。

例えば、外階段（非常階段）でタバコを吸った人が、階下にポイ捨てをするケース。

例えば、上階のテナントが水漏れを起こして、それが下のテナントのところで影響が出てしまうようなケース（これは占有部での話ですが）。

このような場合は、オーナーが対処しなければいけない案件になります。

重飲食のトラブルの場合は1階の重飲食店に換気対策や害虫対策をしてもらうよう頼む一方で、他の階のテナントには重飲食が入っていることをわかった上でテナント利用している旨を理解してもらう必要があるでしょう。

タバコの場合は喫煙エリアを設けるか、それでも守ってもらえない可能性があるなら、いっそのことビルを全面禁煙にする方法もあります。もしくはすべてのテナントに対して「共用部での喫煙は禁止ですから、次に特定されたら契約解除ですよ」というお知らせを入れる方法もあるでしょう。

水漏れの場合は、どのテナントが起こしたものかは特定しやすいと思いますが、それが故意によるものなのか、それともビルの施設の劣化によって起こるものなのか、といったことをさらに特定し、責任の所在を明らかにしなければいけません。

Q8　保険代わりのサブリース契約を検討中。どうする？

A8　やる意味なし。「相続」でビル投資をする場合のみ、考えてもOK。

不動産の世界には「サブリース契約」というものがあります。

簡単に説明すると、サブリース会社が物件を一括で借り上げし、テナントや入居者に対して転貸《てんたい》する方法です。オーナー側としては、賃料をある程度まで保証してもらえるので、安定性やうまくいかなかったときの〝保険〟のつもりで検討する人もいます。

例えば、サブリース会社と契約をすると、坪単価1万円の賃料のところを坪単価7000円で保証してもらえたりします。

オーナーからすれば3000円分がマイナスになってしまっていますが、これはその部屋が空室であっても保証されるので（本来、空室であれば賃料収入は0円です。また、保証をしてくれる会社によって空室保証はついていないケースもあるので確認が必要です。）、「多少下がっても空室期間も保証してもらえるなら」と考えてしまうのです。

ですが、私からすればサブリース契約はする意味がありません。

最初から「保証が必要ない物件」を見つけて購入すればいいからです。

先述の例で坪単価1万円の賃料を7000円まで保証してもらえるとして、ここまでにお伝えしてきたように、手に入れる物件は周辺相場よりも割安なもの――今後の賃料アップの伸びしろがあるものですから、仮に賃料アップで坪単価1万2000円になったとしたら、マイナスは5000円になってしまいます。

結果的に、本来ならオーナーが得られるはずの収益をサブリース会社に丸々渡してしまうことになるのです。

また、過去には「かぼちゃの馬車」事件（スマートデイズ）、レオパレス事件、大東建託事件など、サブリース契約によるトラブルがあるため、社会的なイメージもあまり良くありません。

もちろん、私はサブリース会社を悪く言いたいわけではありません。サブリース契約にしてもいいケースもあるからです。

それは「相続対策」でビル購入を考える場合です。

第2章でREITの話をした際に、ビル投資が相続対策になることをお伝えしました。「ビル投資は他の投資に比べて資産を大きく圧縮できるため、支払うべき税金を正当に減らすことができ、相続対策にもなる」というものです。

相続対策でビルを購入する人の気持ちになって考えると、管理・運用は面倒なものです。テナントが抜けた、賃料が下がった……といった〝お金のこと〟を自分で対処したくないものです。

そういう場合には、多少の実入りは減っても安定した営業外収益を得るためにサブリース契約を検討するのも1つの方法だと思います。

Q9　リノベーションしたのに割に合わなかった。どうする？

A9　リノベーションは相見積もり必須。付加価値をつけるには「時期」がある。

「割安でビルを買えたから、リノベーションして付加価値を上げて賃料を上げようとしたのに、想定していた賃料まで行かず、結局は割に合わなかった」という話はよく聞く話です。

「1000万円くらいでできる内容のリノベーションだったのに、必要以上に経費がかかって2000万円になってしまった」というケースもよくあります。

リノベーションに関しては、複数業者に相見積もりを取って内容と料金に〝相応感〟があるかどうかを見極めることが重要です。リノベーションなどによって付加価値をつけるには「時期」があります。要するに、タイミングがあるのです。

例えば、先行き不透明な経済情勢では、テナントは付加価値よりも賃料や立地などの安定性を求めます。そのタイミングでリノベーションをして付加価値をつけようとしても、目的に沿わずに付加価値が生きないこともあるのです。

後述しますが、できればこの辺りは不動産会社や内装屋を選定し、相談することをおすすめします。不動産会社の中にはリノベーションを請け負いつつ、大きく手数料を取って中抜きするところもあったりするので選定に注意は必要ですが（それで結局、1000万円で済むリノベーションに2000万円かかったりするのです）、信頼できるポイントとしてはテナント誘致とリノベーションをワンストップで頼めるところがおすすめです。賃料アップの計画や相見積もりに関しても、すべて任せてしまえます。

Q10 中古ビルを買うべきか、新しく建てるべきか。どうする?
A10 絶対に中古ビル。「建替えて新築」がいいなら、みんながやっている。

「15〜20年落ちの中小オフィスビルを購入するよりも、ある程度のまとまった資金があるなら更地に新しくビルを建てるほうが儲かるのでは?」

この本を読んでいる読者の中には、もしかしたらこのように考える人もいるかもしれませんですが、あまりお薦めできません。

その理由は2つです。

そもそも、本当に建て替えて新築にしたほうがいいのであれば、すべてとは言いませんが、多くのビルオーナーがやっているはずです。にもかかわらず、そのまま運用したり売却したりするのはなぜか?

それで充分に儲かるからです。

さらに、新しく建てるのであれば、まず更地になっている土地を手に入れる必要が出てきます。「更地」にすると土地は高くなります。そこに建てられるものの選択肢が広がるためです。

例えば、私が管理している物件で東京・九段下の靖国通り沿いの物件があります。

その物件はビル1棟で6億3000万円。地下1階つきの10階建てで築38年。土地が約30坪。春になると桜並木で美しく、靖国神社や皇居も近くにあり、品格と利便性を備えたいい場所です。

私が知る限り、過去に靖国通り沿いの土地の価格で出ていたのが1坪2～3000万円でした。中には約20坪の土地で1坪7000万円というものもありました。

さすがにそれは高すぎると思うのですが、仮に2000万円として、30坪を購入すると土地代だけで6億円です。もちろん、そこにビルを建てる場合は建築費用がかかってきますし、そこからテナントの誘致が必要になります。

どう考えても、すでにテナントがついて運用が行われているビルを購入するほうが始めやすく、安定した営業外収益を得やすいことは明白です。

もしも、どうしても建て替えを視野に入れるのであれば、最初に買った物件をしばらく運用し、投資分を完全に回収しきってからでも遅くはありません。

30年くらい運用すればビルによっては老朽化が進むこともありますので、その際は取り壊して更地にして建替えればいいでしょう。

実際、新築物件は新築としての賃料を設定できますので、ビルの築年数が10年、20年と経過する前に高利回りで回収し、以降は相場に合った賃料に下げて、安定的に運用していけるはずです。

■ワンストップの不動産管理会社ならオーナーは「おまかせ」でOK

本章では、実際のビル管理で起こりがちなことをお伝えしてきましたが、これらのさまざまな事柄を丸ごと任せてしまえるのが不動産管理会社です。

第3章の全体フローの「ステップ7：不動産管理会社の選定」でもお伝えしましたが、不動産管理は管理のプロに任せるほうが、本業とは別に貸事務所業を行おうとするオーナーにとっては絶対にアドバンテージになります。

ここまでにお伝えしてきたFAQの内容も、自分でやるのは大変だとしても、ワンストップでやってくれる不動産管理会社を選定しておけば、それこそオーナーは物件を持っているだけでよくなります。

実際に、不動産管理会社が行うのは次のようなものです。

1．プロパティ・マネジメント（テナント管理）

2．ビル・メンテナンス（清掃も含む）

項目としては2つですが詳細をお伝えすると、プロパティ・マネジメント（以下、PM）にはオーナーとテナントを結ぶすべてのことが包括されています。

毎月の賃料の回収、支出（メンテナンス費用を賃料から支払う）の代行をして残りをオーナーに渡す収納代行、テナントの募集と契約、更新時期の近づいたテナントへの賃料アップ交渉などが含まれています。

ビル・メンテナンスでは、共用部の清掃、エレベーターの保守点検、電気関係の点検、ビルに関わる設備の保守点検や清掃が主な業務になります。テナントが一番見ている部分なので、これらが行き届いていないと、クレームや賃料減額の話にもなりかねません。

これらのことをオーナーに代わって行ってくれるのが不動産管理会社です。

売買の前日に売り主側オーナーが梯子を外してきた

ここで1つ、私の管理物件でおきた事例についてお話しましょう。

内容としてはQ5の「原状回復」に絡んでくる内容ですが、なかなかこじれた案件だったため、これが不動産管理会社の存在によって楽になるのであれば、その他のことも包括して任せられることがおわかりいただけると思います。

ある売り主側オーナーが自社ビルを売却したいと考えました。そのビルは不動産管理会社Aが売主側の仲介を担当していました。私は買い主側の不動産会社として交渉に入り、売買を進めていきました。

売り主側オーナーはビルを売却後、6ヶ月間の「リースバック契約」を申し出てきました。

自社ビルとして使っていた事務所を、売却後も継続して賃貸するのがリースバック契約です。

オーナーからテナントになり賃料も発生しますが、継続してその事務所を使用することができます。エイベックスや電通、学研などもこの形をとっています。

ちなみに、その売り主側オーナーのリースバック契約期間は6ヶ月でした。

話は順調に進んでいきました。

ところが、売買契約を結び、引き渡しの前日の夜9時になった時点で、不動産管理会社Aを通して「退去後の原状回復は行わない」という売り主側オーナーからの意向が伝えられたのです。本来はテナントの義務であることを行わない旨を、物件引き渡しの前日の、しかも夜に伝えてきたのです。

結果から言うと、この物件は「売買金額から原状回復費用を差し引いた金額」で売買が成立しました。

ですが、もしも私が間に入っていなかった場合、買い主は直接、不動産管理会社Aと交渉しなければいけなかったでしょう。その結果、今回のような幕引きになっていたかどうかは、何とも言えません。

運用でもそうですが、売買においても結局は「人」です。人である以上、気持ちが変わったり、コミュニケーションにミスがあったりと、何かしらのトラブルはつきものです。

そういう際に、購入する側が不動産会社という「第三者」を持っておくことは重要ですし、極端な話、売り主側オーナーがしたいように意向を伝えておまかせするだけでよくなるのです。

不動産管理会社次第で利幅は大きく変わる

ビル運用の収入と支出をわかりやすく説明すると、収入となるものは「賃料収入」「看板使用料」「アンテナ設置料」になります。

一方、支出となるものが「固定資産税」「都市計画税」「不動産管理会社への管理費（ＰＭとビル・メンテナンス管理）」「火災保険」「（借り入れがある場合は）返済金利」になります。これで諸経費の比率は賃料に対して30％ほどが平均的です。

ただ、これをビル投資の側面から見た場合に、オーナーが見落としがちになるのが「経年劣化による修繕」と「割高に見積もられたメンテナンス費用」です。

実は、メンテナンス費用を抑えるだけでも支出を抑えることができますし、ＰＭが得意な不動産管理会社かどうかでも、賃料アップを狙えたり、優良顧客を誘致したり、賃下げ交渉を突っぱねたり、という収入の面での増額もあり得るのです。

ですから、オーナーとして不動産管理会社を考える場合は、それが選定する場合でも、変更する場合でも、次のことを重視してください。

1．サービスに見合った経費かどうか

2. 賃料を上げた実績があるかどうか

まず、不動産管理会社の中には何もしないところもあります。そういうところが入っていた場合は、思いきって変えてしまうべきです。

不動産管理会社への支払いは、一般的にはパーセンテージで決まっています。賃料と共益費を合わせた月額の収入の3~5%で、賃料が30万円なら9000~1万5000円×テナント数になります。

それだけのお金を取っておきながら、ろくに管理もしないのですから、それでは経費をかける意味がありません。

次に、賃料アップについては、これは第3章でもお伝えしましたが、過去に賃料を上げた実績があるかどうか、ある場合はどのくらいのアップを実現したのか、それをどのくらいの件数こなしたか、ということです。

これを見極めるには「ビルをベースに扱っているかどうか」「そのオーナーが購入するビルをどのくらいメインに、どれだけの数を扱っているか」というところを質問し、実績を見せてもらうことです。

不動産管理会社は千差万別です。

そして、不動産管理会社の選定次第で中小オフィスビル投資の利幅が大きく変わります（儲からないわけではなく、儲かる幅が変わります）。

ここまでの内容を踏まえ、間違いのない不動産管理会社選びを行ってください。

［第7章］

ビル投資で
経営者の未来は明るくなる

本書も最終章となりました。

最後はいくつかの事例を踏まえながら、中小オフィスビル投資が、単に営業外利益や相続対策だけではなく、企業の未来を作る選択肢であることをお伝えし、経営者にやってくる未来についてお伝えします。

■経営理念の実現や社会貢献のために「勝ち組」の戦略を採る

第1章でもお伝えしたことですが、企業の生存率として、創業から5年以上生き残れるのは15%、10年後では6・3%、20年後になるとたった0・3%しかないことをお伝えしました。

それくらい事業を継続していくことは至難の業、ということを物語っています。

その中で「投資」ということに会社のお金を回せるのは0・3%の層の企業、もう少し広げたとしても6・3%の層くらいだと私は思っています。

つまり、10年近く事業を継続できているだけで起業としては「勝ち組」なのです。

そんな勝ち組企業だけが取れる「勝ち組の戦略」こそが貸事務所業です。

これも第2章でお伝えしましたが、帝国データバンクの「細分類」では100年以上続く業種の上位10業種のトップが貸事務所業です。一般的に「買うこと」によって決まった売上を毎月担保してくれる業種は他にはありません。

それが不動産投資――特にビル投資のいいところです。

企業にはそれぞれ本業があり、経営者はノウハウとプライドを持って経営していると思います。ですが、先述の通り継続させることは至難の業なのが現実です。

その確率を少しでも上げるために、そして本業を疎かにしないために、持っているだけで長期的に利益安定率が高く、かつ事業体として長期存続率が高い貸事務所業は、経営者がこれからとるべき選択肢の1つです。

私自身も経営者として。会社の社員のため、社員の家族のためにも、後悔のない選択をする必要があることをよく理解しています。

不動産は「節税」の側面もありますが、「手堅い収益」を確保することで、長期にわたって自社の経営の選択肢を広げるための資産だと考えています。確固たる利益基盤を構築し、それを持って社員とその家族を潤せば、全体的に潤っていくでしょう。

企業としてもお金に余裕があることで「次の攻めの一手」や「新しい挑戦」をすることができます。

現在、「経営理念」を置いていない企業のほうが圧倒的に少なくなっていますが、経営理念の持続的な達成や、社会貢献を行うためには、どうしてもお金が必要になります。

そのお金を経営者としての〝魂〟を売らず獲得し、社会貢献を実現するためには、潤沢なキャッシュフローを安定的にもたらしてくれる事業の新規軸が必要なのです。

■娘婿にビルを貸し出して未来へつないだオーナー

ここまでお伝えしてきた内容は、すべて自社の安定した営業外収益を獲得する方法についてお伝えする内容でした。

ですが、中小オフィスビル投資は単にそれだけにとどまる事業ではありません。

例えば自社の一例として、このようなことがありました。

あるリサイクル業者の経営者が品川駅付近にビル1棟を購入されました。

この企業の年商は20億円、純利益は1億円の企業です。

ビルは地下1階つきの地上3階建て。築30年で金額は6億5000万円。融資額はなんと6億円で、融資期間は30年と長期ながら金利は0・8％と低めでした。

月の収入が300万円で、月額の返済は188万円、つまりキャッシュフローは112万円／月ということになります。

この企業の経営者＝ビルの現オーナーは50代の方なのですが、当初、ビルの1階のテナントに美容関係の店舗が入っていました。主に外国人顧客向けの最先端美容事業でインバウンド需要を確保して順調な経営を行っていたのですが、コロナ禍によって売上が激減。結果的に撤退せざるを得なくなりました。

本来なら、ここで私たち不動産管理会社の出番です。

ですが、このオーナーは自分の娘婿のために貸し出すことにしたのです。

オーナーには娘さんがいて、その旦那さん（娘婿）は自由診療の歯科医院を営んでいました。いずれは本拠地として都心に進出したいと考えていたタイミングで、ちょうどテナントが撤退となり、オーナー自身も以前から「娘婿のために空きが出れば使わせたい」と思っていたこともあって、このような運びになりました。

まさに、世代を超えてビルが生きた事例です。

他にも、東京・四ツ谷にある自社ビルのオーナーが、飲食店での勤務経験のある料理上手な奥さんのために1階の喫茶店が撤退したタイミングでイタリアン・レストランにリニューアルし、プレゼントした例もあります。

このような例は枚挙に暇がないですが、単に営業外収益を得たり、相続対策のためだけではない、未来につなぐビルの活かし方だと私は考えます。

■スタートアップ用ビルとして一緒に夢を追う

自社や身内のため以外にも、ビルを使って未来をつなぐ方法は考えられます。

例えば、ベンチャー精神あふれるオーナーであれば、スタートアップに近い（とはいえ、勢いがあり可能性のある）企業への投資の一環として、自分のビルを貸し出し、一緒に夢を追うのです。いわば、ベンチャーキャピタルに近い考え方です。

最初は投資の側面が強いですし、誘致する企業を選ぶ際は厳しめの審査基準を設ける必要があると思います。賃料も少し抑えめにしたりと、営業外収益の部分では配慮する部分もあるでしょう。ですが、5年以上続く企業へとアシストをしたり、起業によっては上場までを見据えた動きをフォローしたりと、スタートアップ企業がある程度軌道に乗ったタイミングで第三者割り当ての株をもらったり、と夢は大きいです。

実際に、私も証券会社にいた人たちと、このようなことが自分の管理する物件でできないかを検討したことがあります。

まだ実現には至っていませんが、「面白いことをやっているけど、まだまだ広告が下手で社会的認知に伸びしろがある」というベンチャー企業は山ほどありました。

もしも、あなたがそのような企業を応援したいと思うなら、2棟目、3棟目と購入していった際にビルオーナーという立場から、彼らと一緒に夢を追うのはとても面白いことだと思います。

もしも、そこから大出世するような企業が生まれたら、そのビルは「出世ビル」として新しいブランドイメージを獲得できます。

単に夢だけではなく、実利においても実のある考え方ではないでしょうか?

■ビルを広告メディアや集客コンテンツにする

第6章の最後で、ビル運用の収入の1つとして「看板使用料」と書きました。

広告による看板使用料の確保することで、賃料とは別に安定した営業外収益を確保することができます。

看板で有名なのが、秋葉原駅周辺のビル群です。

「オタクの街」としても有名な秋葉原の駅周辺には、ビルの壁面前面に数々のアニメキャラやゲームのキャラクターで彩られた看板が、それこそ前面すべてを覆う形で配置され、一見するとビルとはわからない、巨大な広告メディア群に見えます。

それ以外でも、ビルの屋上に大きな看板が立てられ、何かしらの企業の広告や、時には「意匠募集中」と書かれた看板を目にしたことがあると思います。

これらはすべてビルへの直接の広告収入となります。

他にも最近では、エレベーター内のドアにプロジェクターで10秒くらいの広告映像を流す方法も広がっています。これもビルの収入源になります。

ビルを広告媒体として活用することで、看板使用料というプラスαの収益を獲得することができるのです。

SNS時代である現代であれば、ビルそのものをコンテンツにしてしまう方法も考えられます。例えば、これはビルではありませんが「MARINE & WALK YOKOHAMA（マリン・アンド・ウォーク・ヨコハマ）」には「コレットミラーの羽根」があります。羽根アートの本家と言われているそうです。

フォトジェニックな（写真映えする）場所として若者に人気で、写真を撮った人たちがInstagramに〝映《ば》える写真〟としてアップすることで、その場所が人気スポットとなり、建物自体がコンテンツになっています。

自分のビルでも何かしらのフォトジェニックな意匠をあしらい、バズって人が集まる場所にすることで、ビルそのものが有名ビルとして付加価値がつきます。

当然ながら、付加価値がついたビルは賃料を高く設定できたり、テナントも応募が殺到します。誘致してからでもビルそのもので集客ができるため、テナントの事業継続がしやすく、退去しない＝賃料収入が安定することも想定できるでしょう。

例えば、渋谷駅周辺でビルを買い、羽根アートのあるビルでブランド化に成功したとして、そこに若者向けのお店（美容室など）が入ったとすると、その美容室は安定して集客ができるようになり、撤退する可能性が極めて低くなる、ということです。

■資産10億円でできる「黄金の好循環」

ここで、私が長くお付き合いしているオーナーの事例をご紹介します。

この方はブランド系の買取販売業の経営者で、売上規模は大きかったですが、薄利多売なところがあり、純資産は7億くらいにとどまっていました。ですが、今から7年前にビル投資を開始。金融機関の協力もあって7物件、トータル20億円のビルを購入しました。

現在では20億円のうち、10億円分のビルは売却しており、そこから得ら

■黄金の好循環

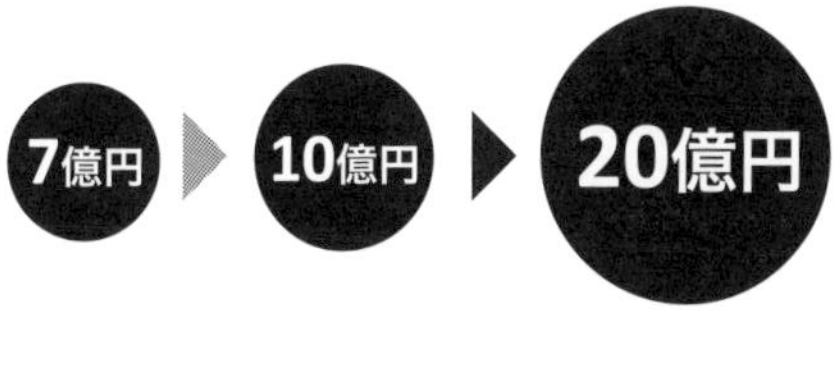

れた売却益は約3億円。純資産ベースでは10億円を超えました。

さらに、まだ10億円分のビルを所有し、運用しているため、仮にそれを売却すれば純資産をより増やすことも可能ですし、運用し続けることで営業外利益を獲得し続けることができる「黄金の好循環」を実現できています。

他にも、あるしゅんせつ工事業の経営者のケースでは、JR山手線内の主要駅から徒歩1分の築30年のビルを、区分バルク（複数フロアをまとめて購入）で3億円分を購入しました。

会社の売上は約4億円で、純利益は4000万円ほど、内部留保は純資産として4億円ほどありました。このビルは利回りが7％と高く、年間のキャッシュフローは約2000万円。返済や諸経費等を差し引いても500万円ほどがキャッシュフローとなりました。

このクライアントの場合は、最初に1億円の自己資金を入れてビル購入に至ったことが良かったと思っています。

投資で自己資金を入れることは誰もが悩むことですが、この経営者はそれを選択し、おかげで返済しながらでも年間500万円近いキャッシュフローを得られるようになりました。

売却のためのビル投資を行った例も紹介しておきましょう。

中部地方の雑貨類販売業の経営者で、年商は100億円規模の会社です。JR中央線の主要駅から徒歩4分のところに築30年のビルの1フロア（約60坪）を1億5000万円で購入。この方はなんと現金で購入されました。

経費を差し引いた年間のキャッシュフローが750万円と利回りが良く、2年間で1500万円の営業外収益を得たことになります。

さらに、この経営者は保有期間2年で物件を売却。1億9000万円で売れたので、売却益は4000万円です。期間中に得た収益を含めると5500万円が得られた計算になります。

このケースの場合は、単に売却益を得た話ではなく、たとえ地方都市の経営者であっても東京の物件を購入することができる。そして、それによって大きな営業外収益を獲得することができたことを示す、いい事例だと私は考えています。

ここでは3つの事例をご紹介しましたが、資産10億円の黄金の好循環を実現するのも、最初の一歩があります。

最初のビル投資によって得た利益は、単に内部留保にしたり、自社の事業に活かすのも方法の1つですが、積み立ててビルを買い増ししていくことで、得られるキャッシュフローがどんどん大きくなり、好循環を作り出すことができるのです。

■過去の情報や常識にとらわれず挑戦する人の集団

最後になりましたが、少し私のことを伝えさせてください。

私は現在、株式会社Agnostriという不動産売買仲介会社を経営しています。

この「アグノストリ」という社名は造語なのですが、私なりの意味が込められています。

「Agnostic＝依存しない」「Try＝挑戦する」「I＝私（人）」という3つです。

この3つを組み合わせて「Agnostri」としたのです。意味合いとしては「これまでの情報や常識にとらわれず挑戦する人の集団」ということになります。

私はかつて22歳で不動産会社に就職しました。営業マンとしては1人で50億円を売り上げてトップ営業になりました。

ただ、5年間在籍し支店長や課長という管理職を経験する中で、私は自社の商品に疑いを持つようになってしまいました。要するに、クライアントのためになる商品なのかと考えた際に「？」が浮かんだのです。

当時、管理職をしていると、部下の営業マンたちの中には、売れる人と売れない人がいました。

売れる人はその人独自の売り方がありましたし、売れない人にはそれがありませんでした。

ですが、そもそもの商品力と売るための教育が良ければ、営業マンたちは商品を売ってくることができますし、売れないときに「売れない言い訳」をしなくて済むようになります。

『だったら、売れる商品力と売るための教育を強化すればいい』

いつしか私は、そう思うようになりました。

私は会社を守り、成長させる意味もあって、このことを進言しました。

ですが、当時の会社の経営判断は「それは行わない」でした。

私はこの判断に少なからずショックを受けました。ただ同時に、私の中では売れる商品力と売るための教育を柱にしたチームを作りたかった。

そこで「会社としてやらないなら、自分でやるしかない」と考え、真の情報提供とともにお客さんにいい物件を取得してもらいたい気持ちで株式会社Agnostriを起ち上げました。28歳のときです。

不動産に限らず、ビジネスをする上で求められるのは「ネクスト・スタンダード（次世代の常識）をどう作れるか」だと私は考えます。そしてそれは、もしかすると今現時点では「非常識なもの」なのかもしれません。

ネクスト・スタンダードを世の中に認知させるためには大きなエネルギーが必要だったり、負荷がかかります。決して楽ではない道だと思います。

ですが、難しいからこそ、そこにビジネス・チャンスは眠っていると私は思うのです。そう考えるから、常識にとらわれず挑戦する人材を集めたくて、社名に意味をこめました。

■「攻める資産形成」で「お金を生んでくれるもの」を未来に残す

現在、私は年間100億ほどの物件を売買する企業として、さまざまな中小企業経営者に向けた、安定した営業外収益獲得のための提案をさせていただいています。

それは何も自社が儲けたいからではありません。対価としてのお金はいただきますが、何よりも経営者の方々に幸せになってもらいたいからです。

経営者である以上、親心として会社の後継者や従業員たちのため、自分自身の家族や子や孫、従業員の家族も含めて、直接的・間接的を問わず何かしらの形で資産を残したい気持ちがあると思います。

ただ、このときに「直接的なお金」は残さないほうがいいと私は思っています。

私の経験上、自分で築いたものではないお金を残された人たちは、その後、総じてあまりいい人生を送っていません。自分の実力ではない、身の丈以上のお金は宝くじが当たったのと同じように、身を亡ぼすものになってしまうのです。

お金に色はありません。ですが、コントロールする人間の側で勝手に色をつけてしまいます。あぶく銭は人の人生をも〝あぶく〟にしてしまうのだと思います。

だからこそ、残すべきはお金ではなく「お金を生んでくれるもの」であるべきです。

そして、お金を残す人・残される人双方の願いを同時に叶えるものが「投資対象商品」です。例えば株、例えば金、例えば不動産です。


その中で、相続で資産を守る一番の方法論は「攻める資産形成」です。

攻める資産形成として有効なのが「不動産」です。

すでにお伝えしたように、現金や株などはそのときの価格で相続税が決まってしまうため、残したくても全額を残せません。

一方、不動産――それも本書でお伝えしてきたビルであれば、例えば10億円の資産だとしても1～2億円にまで圧縮できます。

しかも、ビルそのものは常に収益を生み出し続ける商品なので、相続が終わったあとも安定して、未来に安定した収益の発生を継続してくれます。

これこそが「未来にお金を生んでくれるもの」ではないでしょうか？

さらに言ってしまうと、できればビルを〝後継者〟に受け継がせる際には、それを手に入れたストーリーや思い、意味合い、なぜこれがお金を生むのか、という背景も併せて伝えてあげてください。

そうすることで、後継者たちの中でビルは〝ただの資産〟ではなく、大切な「お金を生む木」として認知され、大切にされ、守り続けられるようになります。

財閥系がここまで大きな企業体になっているのは、こういった文化があるのではないか、と私は考えています。

それならば、私たちも財閥系に倣って、大切な資産を攻めながら守り、未来につないでいけばいいのです。今の資産が次の世代では倍に、その次ではさらに倍に……という「資産の好循環」も決して夢ではないでしょう。

そのための第一歩はすでに始まっています。

本書で知識を得たら、あとはパソコンを開いて不動産検索サイトに条件を入力する。

そこには、あなたの未来の資産を作る情報があふれているのです。

あとがき

「Investment」という言葉の本当の意味

最後まで読んでいただき、ありがとうございました。

「『情報弱者』と呼ばれる人たちを1人でも減らしたい」

そんな想いをこめて本書を執筆しました。

私のクライアントの中にも、他の不動産会社から、相場の5~6割も割高な金額でビルを購入させられてしまった経営者がいます。業界では横行しているため、そういう方は決して少なくはなく、適正価格を知ったときに必ず驚かれます。

こんなとき、本人は「知らなかった自分が悪い」と反省されます。

要するに、情報弱者だったために良くないものをつかまされた、と考えるのです。


ですが、本当にそうでしょうか?

情報社会ゆえにさまざまな情報があふれていて精査しきれないことはわかります。

それでも、どんな商品・サービスであっても中立的な立場から「良い部分」と「悪い部分」を伝え、セカンドオピニオン的な立場を取る人は必要だと思います。

私はそのような人間になりたいと思い会社を起ち上げ、第一人者になるために今も日々、奔走しています。

本書の内容は東京の都心を中心にお伝えしていますが、地方の読者でも方法論や資産に対する認識を見直すきっかけになると思うので、ぜひ今の知識とは別の〝セカンドオピニオン〟として受け取ってもらえたらと思います。


そして、もう1つ。

私は「投資」という言葉に常々疑問を持っていました。

「投資＝投げる資産」です。ですが、資産は投げるものではなく守るもののはず。

そう思って英語の「Investment」という言葉を調べてみました。

すると、意味的には「投資」と出るのですが、語源をよくよく調べてみると、ラテン語で「身にまとう・守る」という意味があったのです。

つまり、本来は「Investment ＝資産防衛」なのです。

これを知ったとき、私の中で熱くなるものがありました。

今の時代、投資と言えば「自分には関係のないところにお金を投じてお金を増やすギャンブル」

というイメージや側面があります。このように考えたり、話をする人は多いのではないかと思います。

ですが、本当は「資産防衛」として考えるべきなのです。

そして、資産を守る考え方になると「目減りしないもの」を持つのが一番です。

もうおわかりかとおもいますが、目減りしないものの一番が「ビル」です。その理由は、ここまでの間に何度もしつこいくらいにお伝えしてきました。

繰り返しお伝えしてきたのは、私がそういう役割を果たすべき人間だと考えているからです。投資の意味をひも解き、ビル（貸事務所業）の歴史的エビデンスを伝え、あなたの資産を防衛してもらいたいからです。

経営者が取引先、金融機関、従業員に対して恩返しをする方法はたった1つ。

それは「事業を継続すること」です。

継続するためには本業に力を入れるだけではなく、何か不測の事態が起こったとしても大丈夫なように安定した営業外収益を生み出し、リスク回避のために売却できる資産を持つ必要があります。

そういう意味で、経営者とビル（貸事務所業）はとても相性がいいのです。

ぜひ、あなたにとっての「相思相愛の中小オフィスビル」を見つけてください。

最後になりましたが、本書を執筆するにあたってご助力いただいたすべての方々に感謝申し上げます。

青木 龍

青木　龍（あおき・りゅう）
株式会社 Agnostri（アグノストリ）代表取締役社長。
1989年、東京都出身。小学校から高校1年まで野球を続け、厳しい監督に鍛え上げられる。22歳で事業系不動産に特化した不動産売買の会社に就職。中小企業の経営者をターゲットに、ビル売買の営業開拓を実施。その後大阪支店・名古屋支店の立ち上げに携わる。最終的に東京で課長職に就任。会社員時代は1人で50億円を販売しトップセールスに。2018年に独立し、東京都千代田区に株式会社 Agnostri（アグノストリ）を設立。会社設立後、年間100億円ほどの売買を締結。
ミッション：情報弱者を1人でも減らす

https://www.agnostri.co.jp

2%の人《ひと》しか知《し》らない、3億円儲《おくえんもう》かるビル投資術《とうしじゅつ》

2021年11月25日　初版発行
2022年12月13日　2刷発行

著者　青木　龍
発行者　和田智明
発行所　株式会社　ぱる出版

〒160-0011　東京都新宿区若葉1-9-16
03(3353)2835—代表　03(3353)2826—FAX
03(3353)3679—編集
振替　東京　00100-3-131586
印刷・製本　中央精版印刷(株)

ISBN978-4-8272-1290-7　C0033